SCHRIFTENREIHE DER FREIEN AKADEMIE · Band 30

Die neuen Weltmächte?
China und Indien im Verhältnis zu Europa

FREIE AKADEMIE

Die neuen Weltmächte?
China und Indien
im Verhältnis zu Europa

HERAUSGEGEBEN VON GUNTER WILLING

GUNTER WILLING
WOLFRAM ADOLPHI
GERHARD KLAS
WOLFGANG-PETER ZINGEL
PEIQI HAN
ROLF RÖBER

HERAUSGEBER DER SCHRIFTENREIHE: VOLKER MUELLER

In Erinnerung und Dankbarkeit für

Prof. Dr.-Ing. Jörg Albertz (1936–2010)

Band 30 der Schriftenreihe
© 2011 by FREIE AKADEMIE, Berlin
Redaktion: Dr. Volker Mueller und Dr. Gunter Willing
Buchcover: Druckerei Siefert GmbH, Frankfurt/Main
Innenteil und Bindung: Druckerei MDD AG, Neu-Isenburg
Printed in Germany

FREIE AKADEMIE e.V.
c/o Dr. Volker Mueller
Rudolf-Breitscheid-Str. 15, 14612 Falkensee
www.freie-akademie-online.de

Buchvertrieb:
Angelika Lenz Verlag
Beethovenstraße 96, 63263 Neu-Isenburg
E-Mail: info@lenz-verlag.de
www.lenz-verlag.de

ISBN 978-3-923834-28-0

INHALTSVERZEICHNIS

Vorwort 7

GUNTER WILLING
China und Indien am Beginn des 21. Jahrhunderts –
Versuch der Annäherung an eine unübersichtliche Thematik 9

WOLFRAM ADOLPHI
Zur Bedeutung Mao Zedongs für das heutige China 19

GERHARD KLAS
Indien zwischen Verzweiflung und Widerstand 39

WOLFGANG-PETER ZINGEL
Indien zwischen wirtschaftlichem Aufstieg
und sozialen Herausforderungen 55

PEIQI HAN
Das Frauenbild im chinesischen Kino (1949-2009) 81

GUNTER WILLING
Vom Kuli zum Tycoon – Geschichte und Geschichten
der chinesischen Auswanderer in Thailand 89

ROLF RÖBER
Taiwan – nur eine Insel? 93

Die Autorin und die Autoren 111

Schriftenreihe der Freien Akademie 115

Vorwort

Vom 13. bis 16. Mai 2010 fand im Waldhotel Wandlitz bei Berlin die wissenschaftliche Tagung der FREIEN AKADEMIE zum Thema „Die neuen Weltmächte? China und Indien im Verhältnis zu Europa" statt. Dieser Band der Schriftenreihe der FREIEN AKADEMIE beinhaltet die Vorträge bzw. Ergebnisse dieser Tagung.

Die wissenschaftliche Vorbereitung und Leitung der Tagung lag in den Händen von Herrn Dr. Gunter Willing. Das Ziel der Tagung war es, die kulturellen und politisch-ökonomischen Verhältnisse zwischen Europa und Asien mit den Schwerpunkten China und Indien zu erhellen und zu erörtern.

Ohne ein Grundverständnis der Geschichte Chinas und Indiens ist es nicht möglich, die aktuellen Probleme dieser beiden gigantischen Länder zu verstehen. Für unsere Akademie-Tagung 2010 war es daher wichtig, überhaupt ein Verständnis für deren ökonomische, politische, soziale und kulturelle Entwicklungen zu erarbeiten. Eurozentristische Stereotype, die bei der Betrachtung Chinas und Indiens auftreten, waren daher kritisch zu hinterfragen. Mit kompetenten Wissenschaftlerinnen und Wissenschaftlern haben wir interdisziplinär die Wachstumspotentiale Chinas und Indiens ausgelotet. Deutlich wurde u. a., dass Machtverschiebungen in der Weltwirtschaft und Weltpolitik zukünftig daraus resultieren können. Aber auch die soziale Kehrseite des Aufstiegs als asiatische Vormächte bzw. Global Player sowie die Umweltsituationen wurden diskutiert.

Bei der Ausrufung der Volksrepublik China durch Mao Zedong im August 1949 war das Land noch halbkolonial und -feudalistisch geprägt. In den 1950er und 60er Jahren verdeutlichten das katastrophale Scheitern des „Großen Sprungs nach vorn" und die „Kulturrevolution" exemplarisch die Probleme des „sozialistischen Übergangs". Heute bilden megalomanische Hochhäuser die Skyline von Schanghai und Peking. Das Land bestreitet die Hälfte der Weltstahlproduktion und -konsumtion. Die chinesischen Börsen stehen weltweit auf den Top-Performer-Listen. In Südostasien nutzte China die jüngste Weltwirtschaftskrise dazu, seinen Einfluss – auch auf Kosten Nordamerikas – auszubauen. Seine wachsende Präsenz in Afrika verdankt sich dem strategischen Erfordernis, die Versorgung seiner Wirtschaft mit Energie und Rohstoffen sicherzustellen. Die Volksrepublik China hat aber auch 225 Millionen Wanderarbeiterinnen und -arbeiter, die unter prekären Verhältnissen leben müssen. Fragen nach dem Demokratisierungsprozess im Lande, nach kultureller Öffnung und Rechtsstaatlichkeit sind kritikwürdig und umstritten. Mehrmals wurde in Vorträgen hervorgehoben, dass sich die Volksrepublik China in einem sehr schnellen Wandel befindet. In Europa und Nordamerika hat man verstanden, dass das „Reich der Mitte" hinsichtlich vieler gesellschaftlicher Prozesse eine Herausforderung für den „Rest der Welt" geworden ist.

Indien, das Land immer noch atemberaubender Gegensätze, ist ebenfalls in Bewegung. Ehemals nur Faszination für künstlerisch und spiritistisch Interessierte, gewinnt das Land zunehmend sein Ansehen aus wirtschaftlichen Erfolgen und technologischen Spitzenleistungen, vor allem auch auf dem Gebiet der Software-Industrie. Längst investiert indisches Kapital weltweit; mit „Bollywood" existiert die größte Filmindustrie der Welt. Als Atommacht bleibt Indien eine große politische Herausforderung, auch für Europa.

Während meiner mehrfachen Studienbesuche in Indien konnte ich mich von der augenscheinlichen Innovationsfähigkeit und der Schnelligkeit der gesellschaftlichen, vor allem der wirtschaftlichen Entwicklung, den krassen Gegensätzen von reicher Oberschicht und enormer Armut sowie der beeindruckenden Kultur und Bildungsfreude überzeugen.

Unser Wissen über China und Indien, wie generell über die Entwicklungen in Asien konnten wir während der Tagung erweitern und tiefere unvoreingenommene Einsichten in die Wechselwirkungen zwischen Asien und Europa gewinnen. Bewusst wurden die philosophischen, religionsgeschichtlichen und anderen geisteswissenschaftlichen Fragen, die mit China und Indien zusammenhängen, auf dieser Tagung ausgeklammert, denn sie würden eine eigene erfordern. Allerdings haben diese Fragen oft mitgeschwungen.

Auf der Akademie-Tagung 2010 gab es – neben den Hauptreferaten – die Gelegenheit, in vorbereiteten kurzen Beiträgen eigene Thesen und Ideen zum Thema vorzutragen. Diese Möglichkeit wurde erfolgreich genutzt. Der Beitrag von Rolf Röber wird hier ebenfalls mit publiziert.

Allen Autorinnen und Autoren danken wir für ihre Beiträge. Leider lag der Beitrag von Frau Simona Thomas nicht für den Druck vor. Dem wissenschaftlichen Tagungsleiter, Herrn Gunter Willing, sei für sein kompetentes Engagement besonders herzlich gedankt.

Wir danken der Bundeszentrale für politische Bildung für ihre Förderung.

Dr. VOLKER MUELLER
Präsident der Freien Akademie

GUNTER WILLING

China und Indien am Beginn des 21. Jahrhunderts – Versuch der Annäherung an eine unübersichtliche Thematik

Die etwa zeitgleiche Ankunft von China und Indien auf herausragenden Plätzen der Weltbühne stellt im globalen Maßstab eine tektonische Verschiebung dar, die nur wenige historische Entsprechungen hat. Aufgrund ihrer unterschiedlichen Geschichte, Kultur und politischen Systeme gehen China und Indien verschiedene Wege der Entwicklung. Oft konkurrieren sie miteinander, manchmal kooperieren sie. „Das Ergebnis ist gemeinsamer und gesteigerter wirtschaftlicher Erfolg, dessen Auswirkung in der ganzen Welt spürbar ist." (Flavin u. Gardner 2006, 54) Das 20. Jahrhundert war vor allem beherrscht durch das Wetterleuchten der Russischen Oktoberrevolution von 1917. Kein anderes historisches Ereignis hatte im vergangenen Säkulum eine solche bedeutende Zäsur gesetzt wie diese Revolution, die im damaligen Petrograd ihren Anfang nahm und untrennbar mit dem Wirken von Lenin und Trotzki verbunden war. Der Sowjetstaat, geboren im Ersten Weltkrieg, Hauptsieger im Zweiten Weltkrieg und geschlagen im Kalten Krieg, löste sich nach sieben Jahrzehnten auf, ziemlich unprätentiös und ebenso schnell wie er einst entstanden war. Das 21. Jahrhundert dagegen, so Perry Anderson (2010), wird im Zeichen der Folgen und Weiterentwicklungen der Chinesischen Revolution stehen, jener Revolution, die einst Mao Zedong maßgeblich geprägt hatte (59). Die Unabhängigkeit Indiens 1947 war der Anfang vom Ende der europäischen Kolonialreiche. Jawaharlal Nehru und Mahatma Gandhi waren die Wegbereiter der indischen Unabhängigkeit. Ihre politischen Vermächtnisse stehen für Demokratie, Emanzipation der indischen Frauen, Landreformen, Antimilitarismus, asiatische Solidarität, Blockfreiheit und Unterstützung multilateraler Bemühungen zur Friedenswahrung (vgl. Betz 2007, 7; Rothermund 2009, 157).

Zwei Milliardenvölker auf dem Weg zur Weltmacht

China, so heißt es in vielen deutschen Medien, ist das Land der tausend Köstlichkeiten und der tausend Widersprüche. Die Gesellschaft wäre ganz und gar der Zukunft zugewandt, meinen zahlreiche Reportagen. Gern filmen sie Schanghais futuristische Hochglanz-Hochhäuser und Baustellen, wie sie sich weithin durch die Stadt fressen und alles zerstören, was ihnen in die Quere kommt. Die Neubauprojekte, so wird berichtet, müssen schon deshalb weitergehen, damit die rund vier Millionen Wanderarbeiter in Schanghai beschäftigt bleiben (vgl. Magenau 2009, 7). Die Bedeutung Chinas für die Weltwirtschaft dürfte auch in den nächsten Jahren steigen. In den letzten zehn Jahren betrug das durchschnittliche reale Wachstum des Bruttoinlandproduktes in China 10 %; in Indien und Russland waren es 7 %. Erwartungen des Internationalen Währungsfonds (IWF) zufolge soll China auf Sicht der kommenden 20–30 Jahre die größte Volkswirtschaft der Welt werden. Chinas Transformation zur Weltmacht begann unter Führung seiner Kommunistischen Partei mit der Revolution in den 1950er Jahren, und auch heute geschieht die ökonomische Modernisierung im Rahmen des Machtmonopols der KP und wird ideologisch umwölbt von einem verfassungsmäßig festgeschriebenen „sinisierten" Marxismus-Leninismus. Schon allein dieser schwer auszuhaltende Widerspruch verweist darauf, dass China das größte Gesellschaftsexperiment der Gegenwart ist (vgl. Negt 2006, 11ff.).

Neben China ist mit Indien ein weiterer Koloss in Asien herangewachsen, der als neuer Global Player künftig das Weltgeschehen mitbestimmen will, ökonomisch wie politisch, und – als Atom- und Raketenmacht – notfalls auch militärisch. Aus der Geschichte der Weltwirtschaft ist bekannt, dass um 1800 Indien und China zusammen einen Anteil von etwa 50 % der damals weltweit produzierten Güter und Dienstleistungen erbracht hatten. Beide Länder sind heute bemüht, sich immer stärker in die globale Wirtschaft einzubringen. Würden sich Indien und China zu einer politisch-ökonomischen Allianz zusammenfinden, läge ihnen die übrige Menschheit gleichsam zu Füßen. China ist bereits die Werkbank und Industriefabrik der Welt, Indien sein Entwicklungslabor. Sie wissen, dass es sehr vorteilhaft wäre, die potenziellen Synergien zwischen ihren Wirtschaften auch endlich gemeinsam zu realisieren (vgl. Schoettli 2006, 65f). Gegenwärtig ist aber der indisch-chinesische Handel eher marginal. Immer noch gibt es politische und geostrategische Konfliktfelder zwischen Indien und China.

Chinas und Indiens globaler Aufstieg braucht Stabilität

Bereits in den altchinesischen (und altindischen) Gesellschaften wurde die innere Stabilität im Lande als eine Grundvoraussetzung für erfolgreiches Wirtschaften betrachtet. Das wird am Beispiel Chinas im ersten Jahrhundert v.u.Z. deutlich. Damals erreichte das Land seine bis dahin größte territoriale Ausdehnung. Angesichts der veränderten wirtschaftlichen und politischen Situation wurden die konfuzianischen Eliten vom Kaiser aufgefordert, über die Grundlagen des Gemeinwesens erneut nachzudenken und zu debattieren. Worüber diskutiert wurde, ist in kunstvoller Weise von dem Gelehrten Huan Kuan um das Jahr 117 v.u.Z. schriftlich überliefert worden. So spielte in der Debatte vor allem eine Rolle, wie legitim Gewinnstreben sei oder welche Herrschertugenden gefragt seien. Auch auf die Frage, wie sich denn eine expansive Außenpolitik zur Wirtschaftsordnung und zur allgemeinen Moral verhalte, wird von Huan Kuan (1501/2002) erörtert. Die Denker im alten China gingen dabei vom Gemeinwesen als einer vielpoligen Gesamtheit aus, die sie als Bewegung und Veränderung verstanden. Interessant wäre nachzuforschen, wie sich diese Denktradition bis in das moderne China hinein erhalten hat. Seit Ende der 1970er Jahre und verstärkt seit 1989 fährt die chinesische Regierung einen radikalen Liberalisierungskurs und fördert den nationalen und transnationalen Kapitalismus. Neben umfangreichen Privatisierungen wurden Preisbindungen aufgehoben, der Außenhandel liberalisiert und die Landwirtschaft reformiert. Noch immer aber tritt der Staat als größter Investor und Kapitaleigner auf und spielt die Kommunistische Partei eine flexible Koordinierungsstrategie mit dem Ziel einer stabilen politischen Entwicklung. Die Reformen befreiten China aus den Zwängen der Kommando-Wirtschaft in den Jahren vor Maos Tod, die sich als Sackgasse erwiesen hatte (vgl. Schmalz 2006, 31; Wang Hui 2007, 60). In den folgenden Jahren verringerte sich – so schnell wie noch nie in der jahrtausendealten Geschichte Chinas – die Zahl der absolut Verarmten und entstand eine prosperierende Mittelschicht. Der Dualismus von politischer Kontinuität und wirtschaftlich-sozialem Umbruch ist ein spezielles Merkmal des postmaoistischen Chinas. Die sozialen Widersprüche des wirtschaftlichen Erfolgs sind in China augenscheinlich. „Der enorme Anstieg der Einkommensunterschiede innerhalb und zwischen städtischen und ländlichen Gegenden sowie zwischen verschiedenen Klassen, sozialen Schichten und Provinzen ist eine der am besten belegten Tatsachen, wenn es um Chinas Wechsel zur Marktwirtschaft geht." (Arrighi 2007, 465)

Chinas Gesellschaft braucht jetzt demokratische und sozialverträgliche Lösungen, die soziale und gesellschaftliche Desintegration verhindern. Das lässt sich am Beispiel der Arbeits- und Lebensbedingungen der etwa 200 Millionen chinesischen Wanderarbeiter/-innen zeigen, die vor allem in den südöstlichen Küstenregionen des Landes beschäftigt sind. In ihrem Dokumentarfilm *Shanghai Fiction* geben Julia Albrecht und Busso von Müller Auskunft über das neue chinesische Wanderarbeitsproletariat. Es ist eine müde, zersplitterte und ziemlich rechtlose Arbeiterschaft. Der junge Wanderarbeiter Yuan, der es mit schweren und gesundheitsschädlichen Gelegenheitsjobs kaum schafft, sich selbst zu ernähren, geschweige denn Geld an seine schwangere Frau nach Hause zu schicken, hat sich, wie er selber sagt, dass Träumen abgewöhnt.

In China verlassen auch zahlreiche junge Frauen ihre Heimatdörfer, um in den Städten Arbeit zu finden. In ländlichen Provinzen sind sie mit Armut, Landknappheit, begrenzten Ausbildungsmöglichkeiten, arrangierten Ehen und korrupten Lokalbehörden konfrontiert (vgl. van Luyn 2008). Mit der Flucht in die Städte erhoffen sie sich Unabhängigkeit und Anschluss an die moderne Welt. Sie nähen dann z.B. in der Sonderwirtschaftszone Shenzhen T-Shirts, Jeans und Jacken für die auch in Deutschland bekannten Warenhaus- und Modekonzerne. Gearbeitet wurde bisher zu Niedriglöhnen und meist unter Missachtung internationaler Kernarbeitsnormen. Niedrige Löhne trotz vieler Überstunden – seit 2010 häufen sich Nachrichten, wonach immer mehr wütende Arbeiterinnen und Arbeiter nicht mehr bereit sind, unter diesen Bedingungen zu arbeiten. Nach verschiedenen Streiks und deren Unterdrückung durch Unternehmensleitung und Polizei steht jetzt eine Reform der Arbeitsbeziehungen auf der Tagesordnung. Chinas Regierung hatte bemerkt, dass die offizielle Einheitsgewerkschaft mit ihren 170 Millionen Mitgliedern ihre Aufgaben, wie die Kontrolle der Arbeiterschaft, kaum noch erfüllte und bisherige Mechanismen zur Konfliktschlichtung und -unterdrückung nicht mehr richtig funktionierten. Jetzt wird ein Gesetzentwurf diskutiert, der Verhandlungen zwischen Gewerkschaft und Betriebsmanagement vorsieht, wenn mindestens 20 % der Beschäftigten Lohnerhöhungen fordern (vgl. Hansen 2010, 12–4). Karl Marx und Friedrich Engels hatten sich den Kommunismus als Assoziation freier Menschen vorgestellt, als eine Gesellschaft, „worin die freie Entwicklung eines jeden die Bedingung für die freie Entwicklung aller ist" (*Manifest*, MEW 4, 482). Von diesem gesellschaftlichen Zustand ist die heutige Volksrepublik China noch weit entfernt. Mit ihrem 2006 gefassten Beschluss über den

Aufbau einer *harmonischen sozialistischen Gesellschaft* signalisierte aber die Partei, dass sie sich der bestehenden sozialen Probleme bewusst ist und ein rasantes Wirtschaftswachstum kein Allheilmittel ist, sondern ergänzender Maßnahmen bedarf, um Destabilisierungen zu vermeiden (siehe Beitrag v. Wolfram Adolphi in diesem Bd.).
Auch in Indien wird trotz des bedeutenden Wirtschaftswachstums das Elend längst nicht überall gemindert. Im Gegenteil: Die Zahl der Slumbewohner steigt trotz des Wirtschaftswachstums weiter. Im kommenden Jahr werden – mit gut 93 Millionen – mehr Menschen in den Armenvierteln indischer Städte leben, als Deutschland Einwohner hat. Innerhalb der Dekade der stärksten Wirtschaftsentwicklung des Subkontinents ist die Zahl seiner Slumbewohner um 23 % gestiegen (vgl. *FAZ* v. 6. Sep. 2010). Die meisten neuen Arbeitsplätze in Indien entstehen innerhalb von Städten. Das weiß auch die verelendete Landbevölkerung und zieht in die Städte, obwohl gerade diese Neuankömmlinge die geringste Chance haben, einen neuen Job zu bekommen. Daher wachsen weiterhin die Armutsquartiere. Hier zeigen sich die Grenzen der indischen Staatsmacht und des von ihr verfolgten Entwicklungsmodells (vgl. Dastider 2006, 39). Es wird sich zeigen, ob und wie sich die armen und marginalisierten Gruppen hinsichtlich einer neuen Etappe der Bodenreform und der Ressourcenverteilung gesellschaftlich artikulieren werden.

Eine Region voller misstrauischer Nachbarn

Sowohl China als auch Indien benötigen neben innenpolitischer Stabilität vor allem keine äußeren Konflikte. Leider gibt es immer noch politische und geostrategische Konfliktfelder zwischen den beiden Ländern. So will Peking nicht akzeptieren, dass Indien ein Rückzugsgebiet für Aktivisten der tibetischen Unabhängigkeitsbewegung ist.
In Burma konkurrieren beide Länder um Zugang und Ausbeutung der dortigen einheimischen Naturreichtümer, vor allem um die burmesischen Erdöl- und Erdgasvorkommen. Um seine guten Beziehungen zum Militärregime in Naypyidaw weiter auszubauen, beliefert China Burmas überdimensionierte Armee mit Waffen. Darüber berichtete häufig die burmesische Oppositionspresse (vgl. Aung Zaw in *The Irrawaddy*, September 2009). Indien dagegen finanziert verschiedene Infrastrukturprojekte der burmesischen Militärs, ohne sich sonderlich für die Menschenrechtssituation in

Burma zu interessieren (vgl. Editorial in *The Irrawaddy*, August 2010). Besonders aber stieß die enge chinesisch-pakistanische Zusammenarbeit in Delhi auf scharfen Widerspruch. Der indisch-pakistanische Konflikt hat eine lange Geschichte (siehe Beitrag v. Wolfgang-Peter Zingel in diesem Bd.). Er nahm seinen Ausgang mit den angespannten Beziehungen zwischen Hindus und Moslems zum Ausgang der Kolonialzeit, die zur Teilung Britisch-Indiens „in zwei Staaten mit unterschiedlicher Legitimationsbasis" führten (Betz 2007, 41; vgl. Ganguly 2008, 32–8). Während Indien auf der Basis eines bürgerlichen Nationalismus gegründet worden war und sich angesichts seiner ethnischen Zerklüftung zu einem säkularen und politisch pluralen Staat entwickelte, propagierte die politische Elite Pakistans dagegen eine „Zwei-Nationen-Theorie". Nach dieser Theorie sind die Moslems aufgrund ihrer kulturell-religiösen Besonderheiten eine eigene Nation. Im Widerspruch zur pakistanischen Staatsräson verblieben aber der größte Teil Kaschmirs und eine beachtliche moslemische Minderheit bei Indien. Die indisch-pakistanischen Kriege von 1947–48, 1965 und 1999 waren jeweils traurige Höhepunkte im Kaschmirkonflikt. Zahllose weitere Krisen haben das Verhältnis zwischen Indien und Pakistan zusätzlich zerrüttet. Das gespannte Verhältnis zwischen Indien und Pakistan bereitet der Weltöffentlichkeit vor allem deshalb Sorgen, weil beide Staaten Kernwaffen besitzen und weder dem Atomwaffensperrvertrag noch dem Testabkommen beigetreten sind. Militärstrategen nennen Südasien daher einen atomaren „hotspot", d.h. eine Krisenregion. Dazu trägt auch die „Talibanisierung" Pakistans bei (vgl. Lehrieder 2008, 9). Die Pakistaner trauen ihrer korrupten Regierung nicht zu, ihre Probleme zu lösen. In diesem Vakuum, dass ein überforderter Staat hinterlassen hat, entwickelt sich eine kampfstarke islamistische Szene. Die von Pakistan operierenden Terroristen der *Lashka-e-Taiba* sind für Anschläge auf dem ganzen indischen Subkontinent verantwortlich, darunter jenen in Bombay, bei dem im November 2008 mehr als 170 Menschen getötet wurden.

Europa, China, Indien

Alte Reiseliteratur aus Portugal, Frankreich, Holland und England, aus jenen Ländern also, die Indien zunächst als Kolonisatoren und Handelspartner betreten haben, ist eine besondere Quelle für das Verständnis dafür, wie Europa in der Vergangenheit über Indien, seine Kultur, Menschen und Natur gedacht hatte. In Deutschland legte am Beginn des 18. Jahrhunderts das an der Hallischen Universität gegründete *Collegium orientale* die Grundlagen einer Indienkunde. Es entsandte Missionare nach Indien, die als Philologen, Historiker und Völkerkundler Bleibendes geschaffen haben wie die Grammatiken des Telugu, des Tamil und des Hindustani (vgl. *Wissenschaftsbeziehungen zwischen Halle und Indien*). Zur Zeit der Romantik entstand eher ein verklärtes, spiritistisches, in der Tradition verhaftetes Bild Indiens. Der Subkontinent galt als Wiege der Menschheit, als goldenes Zeitalter kindlich-sanftmütiger Menschheit (vgl. Kämpchen 2009, 4f.). Für Hegel und Marx dagegen war nicht das alte Indien der Gipfel der Menschheitsgeschichte, sondern sie verwiesen auf die technischen und politischen Leistungen des modernen bürgerlichen Europas. Nach der Unabhängigkeit Indiens war Indien vor allem „Entwicklungsland". Jetzt dominierten Armut und Auseinandersetzungen zwischen den Kasten und Religionen das europäische Indienbild.

Wie für Indien gilt auch für China, dass die europäische Sicht auf „den Anderen" zeitabhängig, uneinheitlich, eindimensional und eurozentristisch war. Die westeuropäisch-kapitalistisch geprägte Zivilisation und Geschichte wurde oft „unkritisch zum Maßstab aller menschlichen Geschichte und Zivilisation" genommen (Willing 1997, 1023). Europa gibt den Gang der Geschichte vor, und Asien trabt auf dem gewiesenen Pfad hinterher. Während des 18. Jahrhunderts, in Diderots und D'Alemberts *Encyclopédie*, wurden im China-Artikel der Fleiß und der Erfinderreichtum der Chinesen gelobt. Montesquieu dagegen hob den despotischen, Nation zerstörenden Charakter des chinesischen politischen Herrschaftssystems hervor. Hegel hatte sich zwar mit Chinas Geschichte beschäftigt, kam dann aber zu der Schlussfolgerung, dass diese Gesellschaft der eigentliche Prototyp eines geschichtslosen und patriarchalischen Despotismus ist. Für Hegel blieb letztlich „(d)ie Geburt Christi die Achse der Weltgeschichte" (Mall 1995, 83; vgl. Eun-Jeung Lee 2003, 294). Im 19. und 20. Jahrhundert gehörten dann auch nationalistische, kolonialistische und rassistische Auslassungen zu europäischen Asienbildern.

Globalisierung, Klimaveränderung, Ressourcenverknappung und Gefahren terroristischer Anschläge sind die dominierenden Aspekte der aktuellen weltpolitischen Entwicklung. Indien- und China-Bilder, die aus dem Gegensatz zu Europa konstruiert wurden und eingebunden sind in einem teleologischen Geschichtsbild, sind nicht zeitgemäß. In ökologischer Hinsicht schaut die westliche Welt auf China und Indien wie in einen Zerrspiegel, der das eigene Unvermögen der Schaffung einer eigenen nachhaltigen, vernünftigen Produktions- und Konsumtionsweise reflektiert. Einseitige europäische Schuldzuweisungen helfen nicht. Wirklich hilfreich wäre nur, wenn wir gemeinsam mit China und Indien die bestehenden Auswege aus der Wachstumsfalle suchen und beschreiten.

Literatur

ANDERSON, PERRY: Two Revolutions. In: New Left Reviev, Nr. 61, Jg. 2010, 59–96.
ARRIGHI, GIOVANNI: Adam Smith in Beijing. Die Genealogie des 21. Jahrhunderts. VSA-Verlag, Hamburg 2007.
BETZ, JOACHIM: Indien – Politische Entwicklung seit der Unabhängigkeit. In: Informationen zur politischen Bildung, Nr. 296, 2007, hgg. v. Bundeszentrale für politische Bildung, Bonn, 6–10.
Ders.: Indien – Außenpolitik. In: Ebd., 39–45.
DASTIDER, MOLLICA: Linke und Ultralinke. In: Neue Gesellschaft/Frankfurter Hefte, Nr. 10, 2006, 36–8.
EUN-JEUNG LEE: „Anti-Europa". Die Geschichte der Rezeption des Konfuzianismus und der konfuzianischen Gesellschaft seit der frühen Aufklärung. Eine ideengeschichtliche Untersuchung unter besonderer Berükksichtigung der deutschen Entwicklung. LIT Verlag, Münster/Hamburg/London 2003.
FLAVIN, CHRISTOPHER u. GARDNER, GARY: China, Indien und die neue Weltordnung. In: Zur Lage der Welt 2006, hgg. v. Worldwatch Institute in Kooperation mit der Heinrich-Böll-Stiftung und Germanwatch. Westfälisches Dampfboot, Münster 2006, 53–84.
GANGULY, SUMIT: Der indisch-pakistanische Konflikt. In: Aus Politik und Zeitgeschichte. Beilage zur Wochenzeitung *Das Parlament*, Nr. 22, 2008, 32–8.
HANSEN, SVEN: Chinas Wanderarbeiter im Aufstand. In: Südwind. Magazin für internationale Politik, Kultur und Entwicklung, Nr. 9, Sep. 2010, S. 12–4.
HUAN KUAN: Yantie Lun. Die Debatte über Salz und Eisen (Faksimile des Drucks von 1501). Verlag Wirtschaft und Finanzen, Düsseldorf 2002.
KÄMPCHEN, MARTIN: Was westliche Menschen an Indien fasziniert. In: zur debatte. Themen der Katholischen Akademie in Bayern, Nr. 4, 2009, 4f.

LEHRIEDER, PAUL: Einführung in *Der Weg Pakistans – Rückblick und Ausblick.* Hgg. v. *Christian Ruck und Bernd Rill.* Reihe Argumente und Materialien zum Zeitgeschehen, Nr. 62. Hanns-Seidel-Stiftung, München 2008, 7–10.
VAN LUYN, FLORIS: A floating city of peasants. The great migration in contemporary China. The New Press, New York/London 2008.
MAGENAU, JÖRG: Auf der Zickzackbrücke in die Zukunft. In: Literaturen. Das Journal für Bücher und Themen, Nr. 09, 2009, 6–13.
MALL, ADHAR RAM: Philosophie im Vergleich der Kulturen. Interkulturelle Philosophie – eine neue Orientierung. Wissenschaftliche Buchgesellschaft, Darmstadt 1995.
MARX, KARL u. ENGELS, FRIEDRICH: Manifest der Kommunistischen Partei. In: Marx-Engels-Werke (MEW), Bd. 4, Dietz Verlag, Berlin (DDR) 1959.
NEGT, OSKAR: Das größte Gesellschaftsexperiment der Gegenwart. In: Das Argument 268, Nr. 5/6, 48. Jg., 2006, 11–29.
SCHMALZ, STEFAN: Ein Entwicklungsland als werdende Weltmacht. In: Das Argument, a.a.O., S. 30–9.
SCHOETTLI, URS: India – View from the East. In: India's New Dynamics in Foreign Policy, hgg. v. Subrata K. Mitra u. Bernd Rill, Studies and Comments 4, Hanns-Seidel-Stiftung, München 2006, 65–72.
ROTHERMUND, DIETMAR: Das politische System Indiens. In: Der Bürger im Staat, hgg. v. Landeszentrale für politische Bildung Baden-Württemberg, Nr. 3/4, 2009, Thema *Indien*, 157–63.
WANG HUI: Postmaoistischer Staat und Neoliberalismus in China. In: China – Verordnete Harmonie, entfesselter Kapitalismus, Edition Le Monde, Nr. 1, 2007, 56–62.
WILLING, GUNTER: Stichwort *Eurozentrismus*. In: Historisch-Kritisches Wörterbuch des Marxismus, hgg. v. Wolfgang Fritz Haug, Bd. 3. Argument-Verlag, Berlin/Hamburg 1997, 1023–32.
Wissenschaftsbeziehungen zwischen Halle und Indien in Tradition und Gegenwart. Materialien für e. wiss. Arbeitstagung d. Wiss.-Bereichs Oriental. Archäologie aus Anl. d. 40. Jahrestages der Unabhängigkeit Indiens, hgg. v. Burchard Brentjes u. Hans-Joachim Peuke, Martin-Luther-Universität Halle-Wittenberg 1987.

WOLFRAM ADOLPHI

Zur Bedeutung Mao Zedongs für das heutige China

Über die Bedeutung Mao Zedongs für das heutige China zu sprechen heißt auch: über die Bedeutung Mao Zedongs für die heutige Welt zu sprechen. Denn Mao war ein Mann, der die Welt verändert hat. Er war einer der herausragenden Revolutionäre des 20. Jahrhunderts, war Staatsgründer im größten Gemeinwesen der Welt, und er stand im Zweiten Weltkrieg, jener globalen Auseinandersetzung um die Zukunft der Menschheit, auf der Seite des Antifaschismus.

1. Das Schlüsselereignis antijapanischer Befreiungskrieg

Am 23. Juni 1941, einen Tag nach dem Überfall des faschistischen Deutschland auf die Sowjetunion, erklärte er: „Dieser verbrecherische, treubrüchige Aggressionsakt ist nicht nur gegen die Sowjetunion, sondern auch gegen die Freiheit und Unabhängigkeit aller Nationen gerichtet. Der heilige Widerstandskrieg der Sowjetunion gegen die faschistische Aggression dient nicht nur ihrer eigenen Verteidigung, sondern auch der Verteidigung aller Nationen, die den Befreiungskampf gegen die faschistische Unterjochung führen." (*Über die Internationale Einheitsfront*, AW III, 27f.) Für seine Partei, die Kommunistische Partei Chinas, die ich im Folgenden mit ihrem chinesischen Namen *Gongchandang* bezeichnen werde, formulierte er folgende drei Aufgaben: „1. An der antijapanischen nationalen Einheitsfront festzuhalten, auf der Zusammenarbeit zwischen der Kuomintang und der Kommunistischen Partei zu beharren, die japanischen Imperialisten aus China zu verjagen und damit der Sowjetunion Beistand zu leisten; 2. jede antisowjetische und antikommunistische Tätigkeit der reaktionären Elemente in den

Reihen der Großbourgeoisie entschieden zu bekämpfen; 3. auf dem außenpolitischen Gebiet sich zum Kampf gegen den gemeinsamen Feind mit all jenen in England, in den USA und in anderen Ländern zusammenzuschließen, die gegen die faschistischen Machthaber Deutschlands, Italiens und Japans auftreten." (ebd.)

Es gehört zu den Eigenarten des heutigen westlichen „Zeitgeistes", solche grundsätzlichen Fragen des 20. Jahrhunderts gern auszublenden. Darum scheint es umso notwendiger, sie immer wieder ins Bewusstsein zu rücken. Wer ist sich in Europa heute schon dessen gewahr, dass man den Beginn des Zweiten Weltkrieges nicht überall auf den 1. September 1939 datiert? Jiang Jieshi – das ist Tschiang Kai-schek –, der erste bedeutende Erbe des Sun Yatsen, der später dem zweiten, Mao Zedong, weichen musste, notierte am 22. September 1931 in sein Tagebuch: „Mit der japanischen Aggression in China hat der Zweite Weltkrieg begonnen. Ich frage mich, ob sich die Staatsmänner der Welt dessen bewusst sind." (zit. n. Keiji Furuya 1981, 325) Auf der Konferenz von San Francisco, mit der 1945 die UNO begründet wurde, nahm Außenminister Song Ziwen diese Lesart auf: China wolle den Erfolg der Konferenz gerade deshalb gewährleisten, „da heute überall anerkannt wird, dass ein zweiter Weltkrieg begann, als Japan 1931 in der Mandschurei einfiel und somit China 30 Millionen seiner Einwohner und reicher Naturschätze beraubte, die für seine nationale Existenz so lebensnotwendig waren." (*Konferenz der Vereinten Nationen*, 99)

Warum an dieser Stelle die Gegner Maos zitieren? Weil mit diesen Zitaten die Tragweite der Entscheidung der von Mao geführten Gongchandang vom Juli 1937 deutlich wird. Am 7. Juli 1937 war Japan zur umfassenden Aggression in China übergegangen. Spätestens hier ist es angezeigt, vom Beginn des Zweiten Weltkrieges zu sprechen, denn Japan hatte sich im November 1936 mit Deutschland im Anti-Komintern-Pakt zu einem gemeinsamen Vorgehen verständigt. Die von Mao geführte Gongchandang rief Jiang Jieshi und die Guomindang im Juli 1937 zur Einheitsfront gegen Japan auf, und dieser Ruf hatte eine solche Kraft, dass Jiang Jieshi im November/Dezember 1937 einem groß angelegten japanischen Friedensangebot nicht Folge zu leisten vermochte. Bei einer Annahme der japanischen Forderungen, so schätzte der deutsche Botschafter Trautmann damals ein, wäre „die chinesische Regierung von der öffentlichen Meinung hinweggefegt" worden (zit. n. *Deutschland und China 1937–1949*, 60). Deutschland selbst hatte sich bei der chinesischen Regierung als „Briefträger" für die japanischen Forderungen, die auf nichts anderes als auf einen blutigen

Raubfrieden hinausliefen, stark gemacht. Mit einem klaren Eigeninteresse: Man hoffte ja auf ein starkes, durch einen Krieg in China möglichst wenig geschwächtes Japan, das später die Kraft haben würde, die Sowjetunion vom Osten her anzugreifen. Die Politik und die Aktionen Maos und der Gongchandang waren wesentlich dafür, dass Japan nicht zum erhofften Raubfrieden kam und durch den chinesischen Widerstand gebunden blieb. Mao und seine Partei vollbrachten, indem sie diese und auch spätere Friedensofferten der Japaner zurückwiesen, eine gewaltige Leistung. Denn Jiang Jieshis oberste Priorität war der Kampf gegen die Gongchandang geblieben, sein Widerstand gegen Japan nur, wie der japanische Historiker Saburo Ienaga bezeugt, „wenig mehr als eine Konzession an den wachsenden Nationalismus der chinesischen Massen". Er war nicht willens, seine Hauptkräfte gegen Japan zu senden, „wollte Frieden mit Tokio machen und zurückkehren zur Ausrottung der Roten" (Saburo Ienaga 1979, 77). Man stelle sich – gerade hier in Deutschland – für einen Augenblick vor, die Sowjetunion wäre, wie es von der faschistischen Führung kalkuliert worden war, in einen Zweifrontenkrieg geraten. Mao Zedong, von dem hier vor allem die Rede sein soll, hat seinen Anteil daran, dass es dazu nicht kam.

2. Revolution und Staatsgründung

Die Gongchandang als nunmehr bereits sechzig Jahre lang China in Alleinherrschaft führende Partei sieht in Mao Zedong vor allem den Staatsgründer, den „Reichseiniger". Und die Gründung der Volksrepublik China am 1. Oktober 1949 ist ja auch ein herausragendes weltgeschichtliches Ereignis. Nur ein halbes Jahrhundert zuvor, nach der Zerschlagung des Aufstandes der *Yihetuan* – der „Boxer" – 1900/1901, liegt China vollständig am Boden. Die frühere Weltmacht China ist nicht nur schon längst keine Weltmacht mehr, sondern nicht mal mehr eine Macht. Sie ist führungslose Beute der imperialistischen Mächte, und als 1911 die von Sun Yatsen geführte Revolution siegt, bleibt dieser Sieg für die Kraft und den internationalen Status des Landes noch lange ohne Folgen. Die zwanziger Jahre sind durch die Kämpfe der *Junfa*, der Warlords, der Kriegsherren untereinander und durch die fortgesetzte Ausbeutung durch die imperialistischen Mächte geprägt, die dreißiger Jahre durch das Vorrücken der Japaner und den Kampf zwischen Guomindang und Gongchandang. 1945 gehört China, obwohl noch immer zwischen Guomindang und Gongchandang gespalten, zu den Siegermächten im Zweiten Weltkrieg. Jiang Jieshi, nachdem er China aus einer Position der Schwäche heraus unter Nutzung des deutsch-sowjetischen Neutralitätspaktes vom August 1939 durch geschicktes Manövrieren mit der einst von Sun Yatsen begründeten Option des Kontinentaldreiecks „China-Sowjetunion-Deutschland" 1941 zum Bestandteil der Anti-Hitler-Koalition gemacht hatte, repräsentiert den Sieg außenpolitisch, sieht 1946 auch im Bürgerkrieg mit der Gongchandang wie der sichere Sieger aus, wird dann aber von der von Mao Zedong geführten Volksbefreiungsarmee buchstäblich überrannt; und das ist trotz zunächst zahlenmäßig beträchtlicher Überlegenheit möglich, weil die Guomindang allen Rückhalt im Volk verloren hat.

Es entstand – so beschreibt es mit John K. Fairbank einer der bedeutendsten amerikanischen China-Historiker – im Lande und in der Partei der Eindruck, es sei tatsächlich der Auftrag des Himmels, den die Gongchandang jetzt erfülle (vgl. 1989, 277 u. Adolphi 2009, 132ff.). Joachim Schickel hat das 1967 einmal trefflich dargestellt: Der chinesische Begriff für Revolution ist *gémìng*, das heißt „den Auftrag ändern". Im Zeichen – Schickel sagt in Anlehnung an Marcel Granet (1934/1963): *Emblem* – im Emblem *ming* also „gebot der Himmel selbst. Er erteilte den 'Auftrag' zur Herrschaft, er erneuerte den Auftrag, dass schlechte Herrschaft abgelöst werde; der Mittler war das Volk. Die chinesische Staatslehre, zu Zeiten der Dynastien wie der Republik, schloss daher die Legalität eines Umsturzes nicht a priori aus; noch 1949 galt, was immer gegolten hatte: Der Auftrag, von der Kuo-mintang (KMT) verwirkt, ging an die Kommunisten." (Schickel 1967, 46)

Mit dem Rückhalt der Mehrheit des Volkes gelang es der Gongchandang unter Maos Führung, etwas zu schaffen, was es seit dem Eindringen der imperialistischen Mächte in der ersten Hälfte des 19. Jahrhunderts nicht mehr gegeben hatte: das gesamte Festlandsterritorium Chinas (mit Ausnahme des winzigen Festlandteils von Macao und Hongkong) unter eine einheitliche Macht und Regierung zu bringen.

Das Volk weiß, was Mao will. Er hat es mitten im Bürgerkrieg, am 25. Dezember 1947, noch einmal unmissverständlich dargestellt: „Der Bodenbesitz der Feudalklasse wird beschlagnahmt und geht in den Besitz der Bauern über; das Monopolkapital unter der Führung von Tschiang Kaischek, Song Ziwen, Kong Xiangxi und Chen Lifu wird enteignet und geht auf den neudemokratischen Staat über; Industrie und Handel der nationalen Bourgeoisie werden geschützt." Die „neudemokratische Volkswirtschaft" werde sich zusammensetzen aus: „1. der staatlichen Wirtschaft, dem führenden Sektor; 2. der Landwirtschaft, die sich Schritt für Schritt von der Einzel- zur Kollektivwirtschaft entwickeln wird; 3. der Wirtschaft der kleinen selbständigen Handel- und Gewerbetreibenden und der kleinen und mittleren privatkapitalistischen Wirtschaft" (*Die gegenwärtige Lage*, AW IV, 175). Eingebettet sieht Mao dies alles in einen weltweiten Prozess, „da in der ganzen Welt der Kapitalismus und Imperialismus ihrem Untergang und der Sozialismus und die Volksdemokratie ihrem Sieg entgegengehen" (180f.).

Nun kann man an solcher Stelle stets geltend machen, dass es sich wohl um eine sehr vereinfachte, schwarz-weiße Weltsicht handele. Aber es ist die Erfahrung dieser Zeit in China, von der Mao getragen wird. Die USA haben sich im Bürgerkrieg mit massiver Waffenhilfe und logistischer Unterstützung durch ihre Kriegsmarine vollständig auf die Seite von Jiang Jieshi geschlagen. General Albert C. Wedemeyer hat in diesem Zusammenhang vor dem Kongress in Washington erklärt, dass es „unwichtig" sei, ob Jiang als „ein wohlwollender Despot, ein Demokrat oder Republikaner" daherkomme; „entscheidend" sei, dass er „sein ganzes leben lang gegen den Kommunismus gekämpft habe" (zit. n. Israel Epstein 1950, 554). Folgerichtig sieht Mao mit dem Sieg im Bürgerkrieg „das Rad der Konterrevolution des USA-Imperialismus und seiner Lakaien, der Tschiang-Kai-schek-Banditen, zurückgedreht", sieht er jetzt „den Punkt, an dem sich die zwanzigjährige konterrevolutionäre Herrschaft Tschiang Kai-scheks" und zugleich auch „die über 100 Jahre währende imperialistische Herrschaft in China vom Aufstieg zum Untergang wendet" (*Die gegenwärtige Lage*, a.a.O., 162).

3. Selbstbewusstsein und Unabhängigkeit

Als sich Mao Ende der 1950er Jahre von der Zusammenarbeit mit der Sowjetunion löst, ist das viel stärker eine Konsequenz seiner bis dahin vollzogenen Entwicklung, als es dem unbefangenen Betrachter scheinen mag. Aus den in den neunziger Jahren an die Öffentlichkeit gelangten Dokumenten zum Verhältnis zwischen KPdSU, Komintern und China erhellt sehr eindrucksvoll der tiefe Konflikt, der Mao praktisch von Beginn an von der Linie der KPdSU und der Komintern trennte, und sie belegen auch die von Stalin mehrfach unternommenen Versuche, den in der Gongchandang hoch angesehenen Mao Zedong von der Führungsposition zu verdrängen.

1932/33 erreichen diese Versuche einen ersten Höhepunkt. In einem 2005 in der VR China erschienenen Buch des Historikers Yang Kuisong über Maos *Hassliebe zu Moskau* wird der Gongchandang-Führer mit dem Satz zitiert: „Nachdem die Männer, die in ausländischen Villen gelebt hatten" – gemeint sind die in Moskau ausgebildeten jungen chinesischen Parteiführer um Bo Gu und Luo Fu, die in der Literatur oft als „Gruppe der 28 Bolschewiken" bezeichnet werden –, „angekommen waren, wurde ich in die Jauchegrube geworfen [...] Wirklich, es sah ganz so aus, als müsste ich mich langsam auf meine Beerdigung vorbereiten." (zit. n. Sun Shuyun 2008, 78) Vor diesem Hintergrund wird verständlich, welche ungeheure Bedeutung der Zunyi-Konferenz, abgehalten im Januar 1935 während des Langen Marsches, zukommt. Auf dieser Konferenz eroberte Mao die Spitze der Gongchandang und der Militärführung, und es war dieser Sieg der am Ende für die Selbstständigkeit des Weges der Gongchandang entscheidende (vgl. Adolphi, a.a.O, insbes. Kap. „Moskau oder Mao" u. „Triumph auf dem langen Marsch").

Die Geringschätzung, mit der Stalin Mao bei dessen Besuch in der Sowjetunion – es war Maos erste Auslandsreise überhaupt – von Dezember 1949 bis Februar 1950 behandelte, und die Art, wie Stalin Mao in den Koreakrieg drängte (siehe ausführlich ebd., 131–44), taten zur Verschärfung der Gegnerschaft ein Übriges. Dass in den 1960er und 1970er Jahren die sowjetisch-chinesische Feindschaft die Dimension eines globalen und mehrfach friedensgefährdenden Konflikts annahm, kann hier nur festgestellt, nicht aber weiter ausgeführt werden. Aus der chinesischen Sicht – und um die muss es, wenn von der Bedeutung Maos für das heutige China die Rede ist, gehen – hat sich der Kurs des Ausspielens der sowjetisch-amerikanischen Feindschaft für die eigenen Zwecke am Ende als erfolgreich erwiesen. Mao ist hier in gewisser Weise Jiang Jieshi gefolgt. Wie dieser im Zweiten Weltkrieg aus einer anfänglichen Position der Schwäche am Ende die eines Mitglieds der siegreichen Koalition gemacht hatte, so konnte Mao an seinem Lebensende 1976 feststellen, dass er die wirtschaftlich und weltpolitisch weit überlegenen USA zur Anerkennung der Volksrepublik und die damals ebenfalls wirtschaftlich und weltpolitisch stärkere Sowjetunion zur Akzeptanz der chinesischen Selbstständigkeit gezwungen hatte.

Als wesentlicher Unterschied in der Gesellschaftskonzeption zwischen der KPdSU respektive der Komintern auf der einen Seite und der von Mao geführten Gongchandang auf der anderen gilt gemeinhin der Umgang mit der Bauernschaft, und in der Tat konzentriert sich hier sehr Vieles. Aus der

Fülle von Anregungen, die sich zu diesem Thema in der Literatur finden lassen, sei hier auf diejenigen verwiesen, die Rudi Dutschke 1974 gegeben hat. Dutschke schrieb damals in Auseinandersetzung mit dem Konzept der Kaderpartei, dass Lenin, der sich bei deren Schaffung auf die Arbeiterklasse und die mit ihr verbundene Intelligenz stützte, die „asiatische Wirklichkeit" Russlands mit seiner Bauernschaft „als eine Qual und nicht als eine gesellschaftlich-geschichtliche Realität mit einer revolutionären Perspektive" wahrgenommen habe (101). Gegen dieses Konzept machte Dutschke die „gesellschaftliche 'Individuation'" geltend, als eine „geschichtlich angemessene, über Klassenkampf vermittelte Selbstveränderung", die Marx „in Russland am ehesten [bei den Bauern] für möglich" gehalten habe. Für Lenin hingegen sei eine solche Entwicklung der Bauern „ein Problem jenseits seines Denkens" geblieben (315).

Mao hingegen gründete seinen Weg ganz und gar auf diese Bauernschaft und deren „über Klassenkampf vermittelte Selbstveränderung". Diese Perspektive nahmen in Deutschland auch Menschen ganz anderer politischer Provenienz als Dutschke ein. So schrieb der ehemalige Botschafter der BRD Erwin Wickert in seinen Erinnerungen: Eine der „größten Leistungen" Maos war, „dass er, von dem sowjetischen Konzept, ja auch von Karl Marx abweichend und gegen den Widerstand der Komintern und seiner eigenen Parteiführung, sich in dem revolutionären Kampf nicht auf das schwache Proletariat, sondern auf die Bauern stützte und sie für sich gewann. [...] Seine Stärke war, die Mitstreiter und große Teile des Volkes von seinen Ideen zu überzeugen, als er vom Siege noch weit entfernt war." (1982, 87)

4. Revolutionäres Potenzial der Bauernschaft und Erbe

Und hier wird nun interessant, was aus dieser Selbstveränderung nach Maos Tod, im Zuge also der von Deng Xiaoping 1978 eingeleiteten Reformen, geworden ist. Der britische Historiker Perry Anderson hat dazu (2010) eine brillante Anregung geliefert.

Sie beginnt mit der bemerkenswerten Feststellung, dass seit dem Verschwinden der UdSSR keine Formel so kanonisiert worden sei wie die vom „Zusammenbruch des Kommunismus", dass dies aber zwanzig Jahre später „ein wenig eurozentrisch" wirke. Es gebe „auch eine Sicht, in der sich sagen lässt, dass der Kommunismus nicht nur einfach überlebt hat, sondern zur Erfolgsstory des Jahrhunderts geworden ist". Betrachte man „Charakter und

Ausmaß dieser Leistung", dann sei da „natürlich mehr als nur eine bittere Ironie". „Keinen Zweifel" aber könne es darüber geben, „dass aber das Schicksal der Revolutionen in China und Russland ein ganz unterschiedliches ist" (59f.).

Und nun zur Bauernfrage. Weil die Gongchandang „ihre Wurzeln in den ländlichen Regionen hatte, wo die Bauernschaft im Großen und Ganzen das Vertrauen in ihre Führungskraft bewahrte", sei sie in den 1950er Jahren in der Lage gewesen, „innerhalb weniger Jahre eine rasche und vollständige Kollektivierung [...] durchzuführen, ohne jene Katastrophe heraufzubeschwören, die sich in Russland ereignet hatte" (66). Und über die Bauern kommt Anderson zur Entwicklung der geplanten Wirtschaft überhaupt. Als 1978 – so seine These – die Reformen eingeleitet wurden, geschah das auf dem Fundament einer Planung, „die immer sehr viel lockerer gewesen war als ihre sowjetische Schablone". Mao Zedong habe „früh erkannt, dass es unmöglich war, der chinesischen Wirtschaft mit ihren viel stärkeren regionalen Traditionen und ihrer schwächeren Infrastruktur die allgegenwärtigen Direktiven von GOSPLAN überzustülpen". Von Beginn an hätten die regionalen und lokalen Autoritäten „eine größere Autonomie besessen, als das jemals im sowjetischen System der Fall war". In der Kulturrevolution sei die Zentrale noch um ein Weiteres geschwächt worden, und im Ergebnis habe man „ein stark dezentralisiertes System" vorgefunden, in dem „die Zahl der zugeteilten Waren, deren Preise in Beijing festgelegt wurden, selbst in ihrem Maximum 600 nicht überstieg – was ein Hundertstel des entsprechenden sowjetischen Wertes ausmachte". Diese Strukturfrage – so Anderson weiter – war mit einer sozialen Frage verbunden, in der China einen „gewaltigen, entscheidenden Vorteil" gegenüber der Sowjetunion geltend machen konnte: „Die Bauernschaft war nicht wie in Russland ein lustloser, mürrischer Rumpf jener Klasse, die sie einst gewesen war. Sie war weder erschöpft noch entfremdet, sondern voller Energie, darauf wartend, diese – wie die Zukunft zeigen sollte – auch freisetzen zu können. [...] Die ländliche Gesellschaft, im Norden lange atomisiert und im Süden durch den Taiping-Aufstand durchgeschüttelt, konnte sich vom Großen Sprung erholen, weil sie Jahrhunderte alte Marktimpulse in sich trug." (75f.)

In der Frage, wieso diese Marktimpulse auch in der Reform freigesetzt werden konnten, verweist Anderson auf den hochinteressanten Umgang der Gongchandang-Führung unter Deng Xiaoping mit dem Mao-Erbe.

In zeitgeistigen Jahrhundert-Betrachtungen tritt uns nicht selten eine Gleichsetzung von Hitler, Stalin und Mao entgegen. Drei Diktatoren – und

Schluss. Es wäre sehr viel zu einem solchen Herangehen zu sagen; der Raum dafür ist hier aber nicht gegeben. Wie immer man aber die Dinge im Einzelnen bewertet, was immer man von solchen Gleichsetzungen hält: Eine Tatsache ist es, dass die chinesische Gesellschaft auf eine einmalige Weise sich noch immer auf ihren Diktator bezieht, mit seinem Erbe lebt, sich zu seinem Erbe bekennt und den Diktator nicht aus der Gesellschaft herauslöst.

Während die Entstalinisierung 1956 in der Sowjetunion – schreibt Anderson – „der sensationelle, aber heimlich vorbereitete Akt eines einzelnen Führers" – Nikita Chruschtschows – gewesen war, waren an der Entstehung der 1981 veröffentlichten Stellungnahme zur Kulturrevolution 4000 Funktionäre und Historiker beteiligt, und ganz anders als im Falle Chruschtschows habe das Zentralkomitee der Partei seine „Mitverantwortung für die Herrschaft des modernen Autokraten akzeptiert" und „keinen Versuch unternommen, dessen Beitrag für die chinesische Revolution als Ganzes zu verkleinern" (83). Im Original hieß das 1982 auf dem XII. Parteitag der Gongchandang im Bericht von Hu Yaobang so: „Die 'linken' Fehler vor und während der Kulturrevolution übten einen breiten und tiefen Einfluss aus und brachten schwere Schäden mit sich. Während wir die zwei konterrevolutionären Cliquen um Lin Biao und Jiang Qing eingehend entlarvten und kritisierten, mussten wir solche Fehler allseitig liquidieren. Das betraf unvermeidlich die Fehler, die Genosse Mao Zedong in seinen späteren Jahren begangen hatte. Genosse Mao Zedong hat große und unvergängliche Beiträge für die chinesische Revolution geleistet, und daher genoss er seit vielen Jahren in der Partei und im Volk ein hohes Ansehen, was auch weiterhin so bleiben wird. Der Schlüssel dafür, ob wir die Dinge ins Lot bringen konnten, bestand darin, ob wir den Mut der Marxisten hatten, eine Selbstkritik der Fehler unserer Partei, einschließlich der Fehler des Genossen Mao Zedong, zu üben, und ob diese Selbstkritik historisch und korrekt geübt wurde." Und weiter: „Die Partei hat, gestützt auf die kollektive Weisheit der Kader und der Volksmassen, einerseits die 'linken' Fehler, die lange Zeit dominiert hatten, sowie die Fehler, die Genosse Mao Zedong in seinen späteren Jahren begangen hatte, auf wissenschaftliche Weise analysiert und kritisiert, andererseits die von der Partei in langjährigem Kampf entwickelten guten Traditionen entschlossen behauptet, die wissenschaftliche Wahrheit der Mao-Zedong-Ideen verteidigt und die historische Stellung des Genossen Mao Zedong aufrechterhalten. Dies hatte zur Folge, dass zwischen richtig und falsch unterschieden und die Einheit unserer Reihen gestärkt wurde.

Dadurch wurde die grundlegende Garantie für die gesunde Entwicklung von Revolution und Aufbau auf allen Gebieten geschaffen." (14ff.)

Dass die Rede von der kollektiven Auseinandersetzung mit der Kulturrevolution und der Rolle Mao Zedongs keine hohle Phrase ist, findet man an überraschender Stelle bestätigt. So findet sich in einer von Susanne Messmer (2009) erarbeiteten Sammlung von Gesprächsprotokollen mit chinesischen Achtzigjährigen in der Erzählung des Lehrers für Pekingoper, Li Fuchun, zur Kulturrevolution der bemerkenswerte Satz: „Der Erste Vorsitzende ist damals völlig verrückt geworden, die ganze Regierung war verrückt, das chinesische Volk war verrückt." (286) Eine ganz ausgezeichnete Darstellung dieser „Verrücktheit" des ganzen Volkes, das heißt: nicht nur des Hineingerissenseins, sondern auch des begierigen Mitmachens von Millionen und Abermillionen hat der Schriftsteller Mo Yan (2009) mit seinem Epos *Shengsi Pilao* (Der Überdruss) geschaffen.

Das von Perry Anderson herausgearbeitete Besondere – die kollektive Verantwortungsübernahme – haben wir in der DDR damals übrigens nicht so explizit herausgearbeitet. Wie auch. War doch der Weg durch die Tabuisierung von Stalin und des Stalinismus versperrt und ein öffentlicher Vergleich mit sowjetischen Entwicklungen ganz und gar ausgeschlossen. Sachlich dargestellt wurde das Kollektive aber durchaus. So formulierten wir in der 1989 fertiggestellten *Chronik der VR China 1979–1989* zur von Anderson gemeinten *Resolution über einige Fragen zur Geschichte der KPCh seit 1949:* „Erstmals wird in einem offiziellen Parteidokument erklärt, dass die Kulturrevolution von Mao Zedong persönlich initiiert und geführt wurde, und dass er dafür die Hauptverantwortung trug. Die Mao-Zedong-Ideen werden neu definiert und als 'Produkt der allgemeinen Grundsätze des Marxismus-Leninismus mit der konkreten Praxis der chinesischen Revolution' und als kollektive Weisheit der Partei verstanden. Die fehlerhaften Anschauungen Maos 'in seinen letzten Lebensjahren' werden als nicht zu den Mao-Zedong-Ideen gehörig angesehen, statt dessen werden theoretische Arbeiten anderer Parteiführer in das System hineingenommen." (25)

Anderson zieht nun eine Verbindung zwischen dem ideologischen Umgang mit dem Mao-Erbe und der Wirkung der unter Mao geschaffenen gesellschaftlichen Strukturen für die heutige Entwicklung. Zu Maos fruchtbarstem Erbe zähle, so meint er, eben jene „Dezentralisierung der staatlichen Kontrolle über die Wirtschaft", aus der die Reformen heute so entscheidenden Nutzen ziehen. Nicht nur sei das „Planungsimperium", das zu reformieren war, viel kleiner gewesen als das in der Sowjetunion, sondern es habe in den Provinzen bereits „ein Netz von autonomen Zentren des wirtschaftlichen Handelns" gegeben, und als diese noch weitergehend aus der Beijinger Kontrolle entlassen waren, „legten die Provinzregierungen sofort einen höheren Gang ein und schufen jede erdenkliche Art Anreiz, um zu neuen Investitionen zu gelangen und Wachstum zu schaffen". Vieles sei dann durchaus „irrational" gewesen: „Dopplung von Industrieanlagen, Gigantomanie bei öffentlichen Aufträgen, rasche Ausbreitung von informellem Protektionismus – ganz zu schweigen von einer steuerlichen Schwächung der Zentrale". Und dennoch, meint Anderson, ändere das nichts am positiven Gesamtergebnis. Der Wettbewerb zwischen den Provinzen sei – „nicht anders als einst die Rivalität zwischen den Städten in Italien" – „eine Quelle wirtschaftlicher Vitalität". Russland führe den Begriff der Föderation in seinem Namen, sei aber zentralisiert geblieben wie eh und je. Die VR China hingegen sei föderal nicht vom verfassungsrechtlichen Standpunkt aus, wohl aber in ihrer ökonomischen Realität, und sie sei „nicht weniger ein Beispiel für dynamischen Föderalismus als die Vereinigten Staaten" (85f.).

5. Wie weiter?

„Mao", so schrieb ein anderer ehemaliger Botschafter der BRD in China, Konrad Seitz, im Jahre 2000, „hinterließ ein wahrhaft schweres Erbe. Und dennoch bot dieses Erbe durch die „List der Vernunft" – wie Hegel sagen würde – die Voraussetzung für Chinas phänomenalen Aufstieg unter Deng Xiaoping. „Mao habe" – so Seitz weiter, und das bietet Raum zu breitester Diskussion – „sowohl die alte konfuzianische Kultur wie den neuen kommunistischen Glauben zerstört und damit die Barrieren für die wirtschaftliche Entwicklung Chinas beseitigt." Er habe die unwissende Bauernbevölkerung einst als „weißes, unbeschriebenes Blatt" bezeichnet – und habe tatsächlich ein „weißes Blatt" hinterlassen, „auf das Deng Xiaoping vorsichtig, Strich für Strich, die Konstruktionszeichnung einer Marktwirtschaft auftragen konnte". Maos Vorahnungen hätten sich erfüllt: China habe sich „auf den Weg in den Kapitalismus" begeben (Seitz 2000, 209f.).

Das mit dem „Weg in den Kapitalismus" ist nun heftig umstritten. Nur ein paar Beispiele: Der marxistische Analytiker Theodor Bergmann sieht die VR China als „sozialistisches Land, das sich unter der Leitung einer KP auf den langen Weg des Sozialismus begeben hat" und dessen Wirtschaftspolitik „der NÖP von Lenin und der KPdSU" entspricht (2008, 40ff.). Dem Nestor der DDR-Chinaforschung Helmut Peters zufolge vollzieht sich die „Realisierung des Eigentums an Produktionsmitteln" über ein „von der Regierung dominiertes System der Marktwirtschaft (einschließlich des Arbeitsmarktes und des gesamten Finanzmarktes)" (2009, 557), und die darauf basierende „Orientierung der KPCh auf eine bestimmte soziale Balance" und „Bündelung der Kräfte für die nationale Modernisierung und den gesellschaftlichen Fortschritt" wirkten „objektiv im Sinne einer sozialistischen Orientierung" (Ders. 2008, 27).

Diese Darstellungen liegen nahe bei offiziösen chinesischen. Nach Cheng Enfu z. B. geht das Land einen „chinesischen Weg der sozialistischen Selbstvervollkommnung", der sich darauf gründet, „dass der in öffentlichem Eigentum befindliche Teil der Ökonomie" den Kern der „sozialistischen Marktwirtschaft" darstellt (2008, 37f.).

Andere lehnen eine Deutung der chinesischen Entwicklung als sozialistisch ab, kommen aber implizit immer wieder auf Planungsvorgänge und die Frage der Kommandohöhen der Volkswirtschaft zurück. Zu eindeutig ist der Befund, dass der Reformprozess, der dem Land – wie die aus Südkorea stammende Hyekyung Cho formuliert – einen „beispiellosen Wachstums- und Modernisierungserfolg" und damit den „Ruhm als Wirtschaftswunderland" bescherte (2005, 11), nicht auf das unkontrollierte Wirken der Marktkräfte zurückzuführen ist, sondern durch die Gongchandang in – so sieht es Stefan Schmalz – „erstaunlicher Steuerungsfähigkeit" (2006, 36) mittels einer spezifischen Transformationsstrategie geleitet, kontrolliert und realisiert wird.

Als herausragendes Ergebnis dieser Steuerung gilt die relative Stabilität des Transformationsprozesses und die Vermeidung schwerwiegender, den Kurs in Frage stellender Rückschläge. Hansjörg Herr konstatierte im Jahre 2000, dass ein „Big Bang", wie er in Umsetzung des von Weltbank und IWF geförderten „Washington-Konsensus" von 1990 etwa in Russland stattgefunden hat, in China als Transformationsstrategie „zu keinem Zeitpunkt […] auch nur in der Diskussion" gewesen sei; stattdessen habe man auf „graduelle institutionelle Veränderungen und eine große Experimentierfreudigkeit" gesetzt, „in der als falsch erachtete Entwicklungen auch wieder zurückgedrängt wurden" (2000, 182). Dem bedeutenden amerikanischen Zeithistoriker und Ökonomen Giovanni Arrighi zufolge sei die „Schlüsselreform" eben „nicht Privatisierung" gewesen, sondern die Tatsache, dass „Staatsunternehmen dem Wettbewerb untereinander, mit ausländischen

Unternehmen und vor allem mit einer Mischung aus neu geschaffenen privaten, halbprivaten und in öffentlicher Hand befindlichen Unternehmen ausgesetzt wurden". Obwohl der Anteil der Staatsunternehmen an der Beschäftigung und Produktion im Reformverlauf „steil" zurückgegangen sei, habe sich die Rolle der Regierung bei der Entwicklungsförderung nicht verringert (vgl. 2008, 441). Und noch einmal Hyekyung Cho: Der von der Gongchandang geführte Zentralstaat sei nur ganz allmählich „von der planwirtschaftlichen Intervention und Kommandofunktion" im Produktions- und Umverteilungsprozess „abgerückt" und habe sich „zu einem regulierenden Staat des zunehmend marktwirtschaftlich organisierten Wirtschaftssystems" gewandelt (vgl. ebd., 280). Konrad Seitz resümiert, dass im Ergebnis all dessen China in der Asienkrise 1997/98 „wie ein Fels im Abwertungsstrudel der Region" gestanden habe, und der Gongchandang-Führung sei es gelungen, den „Zusammenbruch des Wachstums, der ein Ende der Reform erzwungen hätte", zu verhindern (341, 381).

Ein großes Problem für die Entwicklung insgesamt wie auch für die Entwicklung demokratischer Strukturen stellt die rasche Vertiefung der Kluft zwischen Arm und Reich dar. In der Wirtschaftssonderzone Shenzhen mit ihrer „massiven Konzentration von Niedriglohnbetrieben" werde, meint Boy Lüthje, das von Marx beschriebene „'Sweating System (Ausschweißungssystem)'" mit seinem „Zwischenschieben von Parasiten zwischen Kapitalist und Lohnarbeiter, Unterverpachtung der Arbeit" (*Das Kapital*. Bd. I, MEW 23, 577) in „gigantischem" Maße in die Tat umgesetzt (2006, 70). Der „unter dem schädlichen Einfluss des Neoliberalismus [...] neu entstandene kapitalistische Zweig" der chinesischen Volkswirtschaft, meint Bingyan Li 2008, trage „Züge von Wildheit und Grausamkeit, die durchaus an den Frühkapitalismus erinnern" (34). Und Hekyung Cho resümiert: Der Staat „konzentriert sich auf technologie- und kapitalintensive Schlüsselbranchen und überlässt die restlichen dem Markt – mit verheerenden sozialen und ökonomischen Folgen" (278).

Die diktatorische Alleinherrschaft der KPCh, die unter Mao Zedong der Niederhaltung von Privatinteressen gedient hatte, dient jetzt der Niederhaltung von Protest gegen die Folgen der kapitalistischen Entwicklung wie auch von oppositionellen Kräften, die auf deren Grundlage Kritik am Herrschaftssystem üben. Dabei konnte die Gongchandang bislang verhindern, dass sich die zahlreichen und zunehmend gewaltiger werdenden sozialen Eruptionen zu einem Flächenbrand ausweiten, indem sie gesellschaftliche Widersprüche entschärft, reguliert und damit überwinden kann. Die Gongchandang habe, so meint Lüthje in diesem Sinne, die Fähigkeit entwickelt, ihr Herrschaftssystem so zu gestalten, dass die „kapitalismustypischen Klassenwidersprüche", die durch ihre Transformationsstrategie „auf die Tagesordnung" gesetzt wurden, „in spezifischer, oftmals widersprüchlicher Weise [...] 'kleingearbeitet' werden" (62). Gesellschaftliche Gegenkräfte können sich kaum artikulieren. Die Arbeiterklasse sei, meint Bingyan Li, „pauperisiert, geschwächt und zersplittert" (34). Helmut Peters zufolge müsse man eine „relative Schwäche der Basis der Partei unter den Arbeitern und Bauern" konstatieren sowie eine „trotz aller Fortschritte nach wie vor unzureichende Praktizierung der in der Verfassung fixierten Bürgerrechte und der demokratischen Beziehungen zwischen Regierung und Bürgern" (2008, 27). Allerdings gibt es Anzeichen dafür, dass die Gongchandang die Verfügung über die Kommandohöhen der politischen Macht auch hier zu Veränderung nutzt. Thomas Heberer zufolge unternimmt sie den Versuch, in einer Art von „autoritärem Kommunitarismus" „staatlich initiiert eine Zivilgesellschaft entstehen" zu lassen (2006/2007, 69).

Von einem Sozialismus, der dem von Marx formulierten *„kategorischen Imperativ"* folgt, *„alle Verhältnisse umzuwerfen,* in denen der Mensch ein erniedrigtes, ein geknechtetes, ein verlassenes, ein verächtliches Wesen ist" (*Kritik der Hegelschen Rechtsphilosophie*, MEW 1, 385), ist das alles weit entfernt. Weil, meint Hyekyung Cho, der Gehalt des *shehuizhuyi* – Sozialismus – „nach der jeweiligen Reformstufe neu definiert" worden sei, bedeute Sozialismus „am Ende [...] nichts anderes als Wirtschaftswachstum" (284). Mit ihrem 2006 gefassten Beschluss über den Aufbau einer „harmonischen sozialistischen Gesellschaft" – *xiehe shehuizhuyi* – entwickelt die Gongchandang Helmut Peters zufolge jedoch ein Konzept, mit dem sie auf die sich vertiefenden sozialen Widersprüche reagiert und auf eine „langfristig stabile Gesellschaft" zielt, „in der sich alle sozialen Kräfte auf der Grundlage eines gesetzlich verankerten Interessenausgleichs in einem nationalen Übereinklang befinden, 'ein jeder seinen Platz hat' und seine ganze Kraft für die 'Renaissance der chinesischen Nation' einsetzt" (2009, 513). Heberer verweist auf die Chancen, die sich daraus ergeben, dass in diesem Konzept das alte „konfuzianische Ideal der 'Großen Harmonie'" den Platz des „abstrakten Ziels des 'Kommunismus'" einnehmen solle, womit ihm mehr Lebenskraft zuwachsen könne (69f.).

Zu den offenen Fragen gehört freilich auch die, die sich bereits im Falle der NÖP in der Sowjetunion der 1920er Jahre wie dann auch im Falle der darauf folgenden stalinistischen Planwirtschaft gestellt hat und von der

Geschichte jeweils negativ beantwortet worden ist: ob Sozialismus in einem Land überhaupt möglich ist, oder ob künftige alternative Lösungen nicht notwendig globale sein müssen. Minqi Li (2006) bietet mit dem Verweis auf das „klassische Gemeingüterproblem oder 'Gefangenendilemma'" des Systems einer „Weltwirtschaft mit multiplen politischen Strukturen" einen überzeugenden Ansatz für diese Debatte: Jeder Staat, der überdurchschnittliche soziale oder ökologische Leistungen zu erbringen versuche, „manövriert sich auf dem Feld der weltweiten Kapitalakkumulation in eine nachteilige Position gegenüber anderen Staaten". Dies könne von „Zentrumsländern" noch ausgeglichen werden, da sie einen Teil der Kosten dieser Leistungen „durch ungleiche Austauschverhältnisse auf die peripheren und semiperipheren Staaten abwälzen" könnten. Für China jedoch, das nach wie vor ein Land der Peripherie sei, existiere diese Option nicht (110).

Es ist daher mit Giovanni Arrighi jetzt nicht die vorrangige Frage, ob China „'reformierten Sozialismus' statt einer Variante des Kapitalismus praktiziert" (440), sondern ob es der Gongchandang gelingt, mittels der Verfügung über die Kommandohöhen und damit verbundener Wirtschafts- und gesellschaftlicher Planung China eine Entwicklung zu ermöglichen, die der chinesischen und der Weltbevölkerung zum Vorteil gereicht. Arrighi meint, dass es dazu der Wiederbelebung der „Traditionen der selbstzentrierten marktorientierten Entwicklung, der Akkumulation ohne Enteignung, der Mobilisierung menschlicher statt nicht-menschlicher Ressourcen" sowie einer „Regierung durch Mitwirkung der Massen beim Entwerfen politischer Grundsätze" bedürfe (481f.). Der Ausgang dieser Entwicklungen ist offen; dass er nicht nur von überragender globaler Bedeutung ist und diese Entwicklungen daher global günstige Bedingungen brauchen, hingegen nicht.

Und was hat Mao Zedong mit all dem zu tun? In Beijing lief im Januar 2010 im Fernsehen eine zehnteilige Serie, die Mao und seine Umgebung (Zhou Enlai, Liu Shaoqi, Zhu De, Peng Dehuai, Deng Xiaoping und viele andere) auf eine Weise verherrlichte, wie sie aus dem chinesisch-altsozialistischen Stil bestens bekannt ist. Mao als *Zhuxi*, als der „Große Vorsitzende", dem die Verknüpfung aus bescheiden-revolutionärer Verbindung mit dem Volk und hochintellektueller, nahezu unfehlbarer staatsmännischer Weitsicht zugeschrieben wurde. Das ist die Darstellung mit Blick auf die große Herausforderung, die gesellschaftliche Stabilität zu wahren, die auf dem Boden einer großen revolutionären Tradition gewachsen ist, maßgeblich gestaltet von und unter Mao Zedong.

So sollen zum Schluss noch einmal drei unterschiedliche Beobachter des politischen Wirkens von Mao Zedong zu Wort kommen. Erwin Wickert resümierte 1982 in Erinnerung an die Trauerzeremonie für Mao im September 1976: „Er war ein Mann, ohne den China heute nicht wäre, was es ist. Er war groß in dem, was er geschaffen hat, groß in seinen Fehlern, groß in seinen Widersprüchen. Wir verbeugten uns vor dem Toten und wussten, dass das Urteil über ihn stets schwanken, dass die chinesische Geschichte ihn trotzdem zu ihren größten Gestalten zählen und dass sein Bild noch lange auf dem chinesischen Volk lasten wird." (87) Der Mao-Biograph Ross Terrill meinte Ende der 1970er Jahre: „Er wird daher einen großen Platz in der Geschichte Chinas und der Welt einnehmen. Er war der Anführer einer Revolution, die das alte China tötete, das Land in einen Veränderungsprozess trieb, der vielleicht einschneidender war als jeder vorangegangene gesellschaftliche Umbruch in irgendeiner großen Nation und der die Unabhängigkeit des ältesten und größten Staatswesens in der Welt wiederherstellte. Wer im 20. Jahrhundert die beherrschende Persönlichkeit der bevölkerungsreichsten Gesellschaft der Welt ist, ist automatisch ein Titan." (1981, 486f.) Und Frank Deppe stellt in seinem großen Zyklus über das politische Denken im 20. Jahrhundert zu Mao fest: Die Gongchandang könne „selbstbewusst ihre führende Rolle im Transformationsprozess des Landes behaupten", denn die „Kontinuität ihrer Führungsgruppen seit den späten 20er Jahren bis in die Gegenwart" sei „Moment ihres historischen Selbstbewusstseins" (2003, 512f.).

Für die so offensichtlich krisengeschüttelte Welt stellt sich die Frage, wohin der chinesische Kurs führen wird. Wird die chinesische Entwicklung dazu beitragen, dass sich in der Welt ein „noch extremer hierarchisches und polarisierendes System herausbildet", oder einen, mit dem das Land in Richtung auf eine „relativ demokratische, relativ egalitäre Welt" wirksam werden kann? (vgl. Minqi Li, 110; Immanuel Wallerstein 2004, 229ff.) Die Antwort ist von größter Bedeutung.

Literatur

ADOLPHI, WOLFRAM: Mao. Eine Chronik. Verlag Neues Leben, Berlin 2009.

ANDERSON, PERRY: Two Revolutions. In: New Left Reviev, Nr. 61, 2010, S. 59–96.

ARRIGHI, GIOVANNI: Adam Smith in Beijing. Die Genealogie des 21. Jahrhunderts. A. d. Amerik. v. Britta Dutke, Hamburg 2008.

BERGMANN, THEODOR: Die sozialistische Entwicklungsstrategie der VR China. In: Marxistische Blätter, 46. Jg., H. 4, 2008, S. 40–48.

CHENG ENFU: Grundlegende Merkmale der sozialistischen Marktwirtschaft. In: Marxistische Blätter, 46. Jg., H. 4, 2008, S. 35–40.

CHO, HYEKYUNG: Chinas langer Marsch in den Kapitalismus. Verlag Westfälisches Dampfboot, Münster 2005.

DEPPE, FRANK: Politisches Denken im 20. Jahrhundert. Bd. 2. (Politisches Denken zwischen den Weltkriegen). VSA-Verlag, Hamburg 2003.

Deutschland und China 1937-1949. Politik – Militär – Wirtschaft – Kultur. Eine Quellensammlung, hg. v. Mechthild Leutner, bearb. v. Wolfram Adolphi u. Peter Merker. Akademie Verlag, Berlin 1998.

Die VR China 1979–1989. Eine kommentierte Chronik, hg. v. Roland Felber u. Wolfram Adolphi, zusammengestellt v. Achim Sperling, Dirk Stapff, Juliana Welcker, Tino Zeiske. Dietz Verlag, Berlin (DDR) 1990.

DUTSCHKE, RUDI: Versuch, Lenin auf die Füße zu stellen. Über den halbasiatischen und den westeuropäischen Weg zum Sozialismus. Lenin, Lukács und die Dritte Internationale. Verlag Klaus Wagenbach, Berlin (West) 1974.

EPSTEIN, ISRAEL: China. Von Sun Jat-sen zu Mao Tse-tung. A. d. Amerik. v. Hanna Köditz. Verlag Volk und Welt, Berlin (DDR) 1950.

FAIRBANK, JOHN K.: Geschichte des modernen China 1800–1985. A. d. Amerik. v. Walter Theimer. dtv, München 1989.

FURUYA, KEIJI: Tschiang Kai-Shek. His Life and Times (Abridged English Edition by Chun-ming Chang). St. John's University, New York 1981.

GRANET, MARCEL: Das chinesische Denken. A. d. Franz. v. Manfred Porkert. Piper, München 1963.

HEBERER, THOMAS: Party State im „Reich der Mitte". Zum politischen System in China. In: WeltTrends 53, 14. Jg., Winter 2006/2007, S. 59–71.

HERR, HANSJÖRG: Das chinesische Akkumulationsmodell und die Hilflosigkeit der traditionellen Entwicklungstheorien. In: PROKLA 119, 30. Jg., H. 2, 2000, S. 181–209.

Hu Yaobang: Eine neue Situation für die sozialistische Modernisierung auf allen Gebieten schaffen. Bericht auf dem XII. Parteitag der Kommunistischen Partei Chinas (1. September 1982). In: Der XII. Parteitag der Kommunistischen Partei Chinas. Dokumente. Verlag für fremdsprachige Literatur, Beijing 1982, S. 9–104.

Ienaga, Saburo: Japan's last war. World War II and the Japanese, 1931–1945. Blackwell, Oxford 1979.

Konferenz der Vereinten Nationen von San Francisco (25. April – 26. Juni 1945). Dokumentensammlung, hg. v. Ministerium für Auswärtige Angelegenheiten der UdSSR. Verlag Progress/Staatsverlag der Deutschen Demokratischen Republik, Moskau/Berlin 1988.

Li, Bingyan: China unter dem Einfluss des Neoliberalismus. A. d. Engl. v. Hermann Kopp. In: Marxistische Blätter, 46. Jg., H. 4, 2008, S. 32–34.

Li, Minqi: Der Aufstieg Chinas und das Zeitalter des Übergangs. A. d. Amerik. v. Frido Wenten. In: Argument 268, 48. Jg., H. 5–6, 2006, S. 105–111.

Lüthje, Boy: Ökonomische Modernisierung und industrielle Beziehungen im neuen chinesischen Kapitalismus. In: Argument 268, 48. Jg., H. 5/6, 2006, S. 61–75.

Mao Tse-tung: Über die Internationale Einheitsfront. Gegen den Faschismus (23. Juni 1941). In: Ausgewählte Werke (AW), vier Bde., Bd. III. Verlag für fremdsprachige Literatur, Peking 1968/69.

Ders.: Die gegenwärtige Lage und unsere Aufgaben (25. Dezember 1947). In: AW, ebd., Bd. IV.

Marx, Karl: Das Kapital. Bd. I. In: Marx-Engels-Werke (MEW), Bd. 23, Dietz Verlag, Berlin (DDR) 1977.

Messmer, Susanne: Chinageschichten. Verbrecher Verlag, Berlin 2009.

Mo Yan: Der Überdruss. A. d. Chin. v. Martina Hasse. Horlemann Verlag, Bad Honnef 2009.

Peters, Helmut: Volksrepublik China. 30 Jahre Reform- und Öffnungspolitik. In: Marxistische Blätter, 46. Jg., H. 4, 2008, S. 21–28.

Ders.: Die VR China. Aus dem Mittelalter zum Sozialismus. Auf der Suche nach der Furt. Neue Impulse Verlag, Essen 2009.

Schickel, Joachim: Dialektik in China. Mao Tse-tung und die Große Kulturrevolution. In: Kursbuch 9, Juni 1967, S. 45–129.

Schmalz, Stefan: Ein Entwicklungsland als werdende Weltmacht. In: Argument 268, 48. Jg., H. 5–6, 2006, S. 30–39.

Seitz, Konrad: China. Eine Weltmacht kehrt zurück. Siedler, Berlin 2000.

Sun Shuyun: Maos langer Marsch. Mythos und Wahrheit. A. d. Engl. v. Henning Thies.Propyläen, Berlin 2008.
Terrill, Ross: Mao. Eine Biographie. A.d. Amerik. v. Hans Fahrenbach. Hoffmann u. Campe, Hamburg 1981.
Wallerstein, Immanuel: Der Niedergang der amerikanischen Macht. A. d. Amerik. v. Britta Dutke. VSA-Verlag, Hamburg 2004.
Wickert, Erwin: China von innen gesehen. Deutsche Verlags-Anstalt, München 1982.
Yang Kuisong: Mao Zedong he Mosike de enen yuanyuan (Mao Zedong und seine Hassliebe zu Moskau). Jiang xi ren min chu ban she, Nanchang Shi 2005.

GERHARD KLAS

Indien zwischen Verzweiflung und Widerstand

„Jeden Abend komme ich in der Nähe meines Hauses an einem Trupp ausgemergelter Bauarbeiter vorbei, die einen Graben für die Verlegung von Glasfaserkabeln ausheben, um die digitale Revolution zu beschleunigen. Sie arbeiten bei Kerzenlicht, in der bitteren Winterkälte. Es ist, als ob die Bevölkerung Indiens auf zwei Konvois von Lastwagen verladen worden wäre. Der eine ist riesig groß, der andere ganz klein. Sie bewegen sich in zwei völlig entgegengesetzte Richtungen: Der kleine Konvoi ist auf dem Weg zu einem glitzernden Ziel nahe der Weltspitze. Der andere taucht in die Dunkelheit ein, wo er schließlich verschwindet." (Arundhati Roy, indische Schriftstellerin und politische Essayistin, übersetzt aus einem Interview mit David Basariam – *Radiofeature von Gerhard Klas, 28.09.2006, Südwestrundfunk SWR2 Wissen)*

Die vergangenen zwei Jahrzehnte haben Indien verändert – ob zum Guten oder Schlechten, darüber scheiden sich die Geister. Verändert hat sich auch die internationale Rolle des Landes, das sich 1947 als einer der ersten Staaten aus der Knechtschaft des Kolonialismus befreien konnte. Das Vermächtnis der indischen Unabhängigkeit beruhte auf wirtschaftlicher Autarkie und Blockfreiheit. Indiens Präsident Nehru war zusammen mit Josip Broz Tito aus Jugoslawien und Gamal Abdel Nasser aus Ägypten Begründer der Bewegung der Blockfreien Staaten.

Erfüllungsgehilfe der USA

Von dieser Ausrichtung der internationalen Politik hat sich die indische Regierung seit Ende der 90er Jahre entfernt, damals noch unter einer Regierung, die von den Hindu-Nationalisten der *Bharatya Janata Party* (BJP) angeführt wurde, deren große Wahlerfolge mit der Marktöffnung Indiens einhergingen. Markiert wurde diese Wende durch unterirdische Atomwaffentests 1998 in Indien. Der „Erzfeind" Pakistan zog wenig später nach, und ein Jahr später kam es zum ersten „heißen Krieg" zwischen zwei Atommächten. Seitdem haben sich die Rüstungsausgaben Indiens auf mehr als 30 Milliarden US-Dollar verdoppelt, das sind mehr als 3 % des indischen Haushaltes. (Zum Vergleich: Die deutsche Regierung gibt derzeit weniger als 1,5 % aus.) Vor allem aber war diese Phase gekennzeichnet durch eine politische Annäherung an die USA. Diese neue Ausrichtung der internationalen Bündnispolitik setzt auch die derzeitige Koalitionsregierung unter Leitung der Kongresspartei fort. Ende 2006 hat der US-Kongress ein bilaterales Atomabkommen mit Indien ratifiziert, das noch unter Präsident Bush junior in Kraft trat. Damit endeten die Wirtschaftssanktionen gegen Indien, die nach den Nuklearwaffentests 1998 gegen Indien verhängt worden waren. Besonders bemerkenswert ist in diesem Zusammenhang, dass Indien den Atomwaffensperrvertrag nicht unterzeichnet hat. Alle Parteien – von den Kommunisten bis hin zur BJP empfinden den Vertrag als „diskriminierend", weil er den Status der heutigen Atomwaffenmächte nicht in Frage stelle. Gemäß dem Nuklearabkommen kann die indische Regierung internationale Inspektionen in ca. einem Drittel seiner Atomanlagen verweigern. So werden doppelte Standards in der internationalen Politik weiter etabliert: Der Iran hat sogar den Atomwaffensperrvertrag unterzeichnet und sieht sich wegen seiner Weigerung gegenüber Inspektionen Sanktionen bis hin zu Kriegsdrohungen ausgesetzt. Indien hingegen wird zugestanden, auch weiterhin Atomwaffen zu produzieren. Die ehemalige US-Botschafterin in Dehli, Francine Frankel, beruhigte kritische Gemüter in Indien: Mit dem Nuklearmaterial aus heimischen Quellen ließen sich bis zu 1000 Atomsprengköpfe herstellen, die keiner internationalen Kontrolle unterliegen würden.

Die USA wollen in dieser Region einen starken geopolitischen Partner aufbauen, denn der traditionelle Verbündete Pakistan ist zu einem unsichereren Kandidaten geworden und vor allem China wird von der US-Administration als Bedrohung wahrgenommen. Außerdem winken lukrative Aufträge für die US-Atomindustrie. Das geschätzte Geschäftsvolumen für die indischen – zivilen – Nuklearprogramme liegt bei 100 Milliarden US-Dollar. Aber auch auf militärischem Gebiet gibt es heute eine enge Zusammenarbeit, u. a. führen die US-Army und die indische Armee gemeinsame

Manöver durch, u.a. an der Grenze zu China. Indien verspricht sich durch das Nuklearabkommen eine bessere Energieversorgung. Zudem bewirkt die Anerkennung als eigenständige Atommacht eine Aufwertung gegenüber China. Ein gemeinsames Interesse mit den USA sieht die indische Regierung außerdem beim internationalen Kampf gegen islamistische Fundamentalisten in Pakistan. In der indischen Gesellschaft ist das Nuklearabkommen alles andere als unumstritten. 140 Millionen Muslime leben in Indien, weltweit die drittgrößte muslimische Gemeinde. Obwohl sie mehrheitlich ein säkulares Selbstverständnis haben, werden sie in Indien oft als „fünfte Kolonne" Pakistans bezeichnet. Gegen die neue Ausrichtung der internationalen Politik opponieren auch die vielen kommunistischen Parteien in Indien, die in einigen Regionen über beträchtlichen Einfluss verfügen und die bis 2009 von der Kongresspartei geführte Regierungskoalition in Delhi tolerierten.[1] Die kommunistischen Parteien Indiens sehen Indien zu einem Erfüllungsgehilfen der USA degradiert und betonen die Rolle und Aktualität der Blockfreien-Bewegung, die für sie eine Grundlage der Süd-Süd-Kooperation darstellt. Darüber hinaus gibt es in Indien eine nach wie vor große Friedensbewegung, die von unabhängigen Linken und Gandhi-Anhängern getragen wird.

Steigende Armut trotz Wirtschaftswachstum

Vor allem der Status Quo in Indien selbst widerlegt und relativiert viele neoliberale Mythen, die derzeit vor allem in der westlichen Wirtschaftspresse kursieren. In Indien leben 1,1 Milliarden Menschen, d.h. mehr als doppelt so viele wie in Europa. 400 Millionen Inder sind nach Angaben der UNO unterernährt. Andererseits hat sich das Bruttoinlandsprodukt in den vergangenen Jahren auf 1400 Milliarden US-Dollar (2009) nahezu verdoppelt. Dieses Wachstum speist sich allerdings hauptsächlich aus Einkommen aus Vermögensgewinnen. Der Anteil der Lohnquote dagegen ist deutlich gefallen. Eine Entwicklung, die auch in Europa zu immer größeren sozialen Verwerfungen führt. Die offizielle Armutsgrenze für die Landbevölkerung liegt bei 12 Rupien täglich (rd. 20 Eurocent). Diese Geldsumme reicht gerade für eine Flasche Wasser, aber nicht für ein Kilogramm Reis. Zwar werden die Berechnungen der offiziellen Armutsgrenze inflationsbereinigt vorgenommen, aber zugrunde liegt immer noch der alte Warenkorb von 1973. Somit werden die mittlerweile kostenpflichtigen Elemente der öffentlichen

Daseinsvorsorge überhaupt nicht mit einkalkuliert. Auch die Tatsache, dass durch die Zerstörung ihrer Subsistenzwirtschaft immer mehr Inder gezwungen werden, ehemals selber hergestellte Lebensmittel auf dem Markt einzukaufen, wird bei der Bestimmung der offiziellen Armutsgrenze nicht berücksichtigt.

Indien mit seinen 1,1 Milliarden Einwohnern verfügt über 23 Amtssprachen, insgesamt sind es 415 Sprachen und Dialekte, die auf dem Subkontinent gesprochen werden. Nur ein Teil der Städter spricht Englisch. Von den 700–800 Millionen, die auf dem Land leben, beherrscht nur ein ganz kleiner Teil die Sprache der ehemaligen Kolonialmacht. Knapp 40 % können weder lesen noch schreiben, auch nicht in ihrer Muttersprache.

Indien gilt in der veröffentlichten Meinung als Land, das den Entwicklungssprung von der Dritten Welt zum Global Player geschafft hat. Vom indischen Armenhaus zum „indischen Tiger", den Ökonomen heute in einem Atemzug mit dem „chinesischen Drachen" erwähnen. Bollywood-Filme, fleißige und besonders begabte Softwarespezialisten und mächtige Konzerne wie TATA Group und Reliance Industries dominieren das Bild von Indien in Europa. Diesen Eindruck will auch die aktuelle Regierung, bestehend aus einer Koalition unter Führung der Kongresspartei, die einstmals den Kampf um die indische Unabhängigkeit anführte, vermitteln. Das 21. Jahrhundert soll das indische Jahrhundert werden, meint der amtierende Premierminister Manmohan Singh, der während seiner Studentenzeit in Großbritannien ein Anhänger von Margret Thatcher und ihrer neoliberalen Politik war. Und mit Blick auf den Kampf europäischer Gewerkschaften um die 35-Stunden-Arbeitswoche verstieg sich Indiens Ex-Handelsminister Kamal Nath zu der Behauptung, dass die Inder lieber den 35-Stunden-Arbeitstag wollten.

Doch eine Politik, die die Interessen der Landbevölkerung ignoriert, ist zum Scheitern verurteilt: Die Hindu-Nationalisten, die bis 2004 regierten, steckten mit ihrer Wahlkampagne *Shining India* (Leuchtendes Indien), die sich an der Mittel- und Oberschicht in Indien orientierte und eine neoliberale Wirtschaftspolitik verfolgte, eine herbe Niederlage ein. Die makroökonomischen Erfolgsdaten – zum Beispiel mehr als 6 % Wirtschaftswachstum werden für die nächsten Jahre vorausgesagt – scheinen den Protagonisten des Neoliberalismus recht zu geben. Aber diese makroökonomischen Daten verdrängen die Widersprüche, die mit der Marktöffnung Indiens einhergehen.

Die „neue Mittelschicht"

Zwischen 80 und 200 Millionen Inderinnen und Inder gehören angeblich zur konsumfreudigen Mittelklasse. Ein riesiger Markt, z.B. für Autoproduzenten, Hersteller von Mobiltelefonen, Netzbetreiber und Firmen wie Coca Cola. Sie reiben sich die Hände und erwarten steigende Profite. In Wirklichkeit verdienen nur 27 Millionen der 1,1 Milliarden Inder mehr als 11 000 Dollar im Jahr und zählen damit zur reichen indischen Oberschicht. 260 Millionen haben mehr als 5 000 Dollar im Jahr zur Verfügung und gehören zur Mittelschicht. Die Statussymbole der Mittelschicht sind fließendes Wasser oder ein motorisiertes Zweirad. Autos und Internetanschluss können sich die Angehörigen der Mittelschicht in der Regel nicht leisten. Das ändert sich, seitdem mit dem Nano des TATA-Konzerns ein Billigauto auf den Markt kam. Im Grunde genommen ist Indien geprägt durch die typische Ökonomie eines Drittweltlandes: Nur ca. 7 % der Inderinnen und Inder sind im formellen Sektor beschäftigt, etwa 4 % im Öffentlichen Dienst, 3 % im Privatsektor. Der öffentliche Dienst/Staatsdienst umfasst gigantische Unternehmen, u.a. die Eisenbahn (mit 1,5 Millionen Beschäftigten), Lehrer, Stromversorger, Gesundheitseinrichtungen usw. Sie verdienen umgerechnet zwischen 100 und 300 Euro im Monat, d.h. sie gehören zum untersten Segment der Mittelschicht. Wegen zahlreicher Privatisierungsmaßnahmen nehmen die Beschäftigungsmöglichkeiten im öffentlichen Sektor allerdings ab. Mehr als 90 % der indischen Bevölkerung arbeitet im informellen Sektor, d.h. ohne Kranken-, Renten- oder Unfallversicherung, als Bauern und Landarbeiter, als Händler oder in den sog. „sweat shops", d.h. in ausbeutungsreichen Unternehmen, in denen unter miserablen Arbeitsbedingungen Kleidung genäht, Schuhe produziert oder Elektroschrott aus Japan, Europa und den USA entsorgt wird.

„Nomaden des 20. Jahrhunderts"

Wo leben die 800 Millionen Inderinnen und Inder, die nicht zur Mittel- oder Oberschicht zählen? Ein Teil von ihnen lebt in den Slums der Großstädte. So sind 40 % der 16 Millionen Einwohner von Neu Delhi Slumbewohner. Jährlich wächst die Stadt um ca. 5 %, das sind mehr als 700 000 Menschen oder 2000 pro Tag. In den anderen Städten sieht es nicht anders aus: In den anderen Städten, wie Kalkutta oder Bombay – das der US-Soziologe Mike

Davis als „Hauptstadt der Slums" bezeichnete – oder in Hyderabad und Bangalore, wo die Zahl der Bettler und Lumpensammler höher ist als die der Software-Ingenieure und Beschäftigten in der Callcenter-Branche, sieht es nicht anders aus. Unterstützt von internationalen Finanzinstitutionen wie der Weltbank und der US-Agentur für Entwicklungspolitik (USAID) wird im Rahmen von sog. „Stadtentwicklungsprogrammen" eine regelrechte Vertreibungspolitik inszeniert. Allein in Neu Delhi sind in den letzten zehn Jahren eine Million Menschen in die Außengebiete vertrieben worden.

Auf dem Land sieht es nicht besser aus. Zwei Drittel der Inder leben dort, und vor allem die Kleinbauern und landlosen Arbeiter leiden unter der Globalisierung. Kleinbauern in vielen Regionen Indiens haben sich – im Zusammenhang mit den verschiedenen Wellen der Grünen Revolution in den 70er und 80er Jahren, d.h. der Einführung von Pestiziden, Kunstdünger und sogenannten Hochertragssorten – verschuldet. Dabei sind die Nebenwirkungen der Grünen Revolution, wie Entwicklung von Resistenzen gegen Pestizide, die Vernutzung des Bodens und die Verschmutzung des Grundwassers, noch gar nicht in das Volkswirtschaftliche Kalkül einbezogen worden. Bis Anfang der 90er Jahre wurden die schlimmsten finanziellen Auswirkungen auf die Bauern durch staatliche Interventionen aufgefangen, die aber spätestens seit der Mitgliedschaft Indiens in der Welthandelsorganisation 1995 stark zurückgefahren worden sind. Als zweite Grüne Revolution wird nun die Einführung von gentechnisch manipuliertem Saatgut bezeichnet. Es erhöht die Abhängigkeit der Bauern von der westlichen Agrarindustrie. Viele Kleinbauern müssen aus finanzieller Not aufhören und flüchten in die Slums der Großstädte. Indische Soziologen nennen diese Menschen die „Nomaden des 21. Jahrhunderts", die von Baustelle zu Baustelle, von Plantage zu Plantage ziehen.

Die aktuellen Krisen – also die Finanz- und Nahrungsmittelkrise – erhöhen den Druck auf die ausgegrenzten Bevölkerungsteile. Die allgemeine Inflation ist zweistellig, für Lebensmittel liegt sie bei 18 %. Das ist deshalb besonders gravierend, weil die Armen 80 % ihres Einkommens für Lebensmittel ausgeben müssen. Mit den Preissteigerungen werden auch die Lohnerhöhungen im Industriesektor von durchschnittlich 6,6 % im gleichen Zeitraum wieder aufgehoben. Einkommensverluste gibt es im Exportsektor, oft gehen sie einher mit dem Abbau von Arbeitsplätzen. Allein 400 000 Diamantschleifer in Westindien verloren ihre Arbeit, weil die Nachfrage nach den kostbaren Edelsteinen in den USA mit der Wirtschaftskrise völlig zusammengebrochen war.

„Killing Fields" – tödlicher Druck auf die Landbevölkerung

Wie bereits ausgeführt, lebt die Mehrheit der indischen Bevölkerung nach wie vor auf dem Land. An dieser Stelle soll beispielhaft eine Region und die dortige Entwicklung der letzten Jahre im Landwirtschaftsektor herausgegriffen werden: der Distrikt Warangal in südostindischen Andhra Pradesh. Der Bundesstaat hat 80 Millionen Einwohner, 70 % der Bevölkerung leben auf dem Land, die meisten verdienen ihren Lebensunterhalt als Kleinbauern und Landarbeiter. Kleinbauern, d.h. in Indien über 1–2 Hektar Ackerland, oft auch weniger, zu verfügen. Sechs Millionen Menschen leben in der Hauptstadt Hyderabad – nach Bangalore die Nr. 2 in Sachen Software und Computer, und die Nr. 1 in Sachen Biotechnologie. Am Rande Hyderabads liegt das *Biotech-Valley*, eine bewusste Anspielung an das US-amerikanische Silicon Valley, weil dort nahezu alle großen Life-Science-Konzerne mit grüner Gentechnologie experimentieren. Da es kaum staatliche Regulierungen gibt, gilt Andhra Pradesh als Mekka der Biotechnologie-Forschung in Südasien.

Andhra Pradesh hat eine rasante Karriere hinter sich gebracht: von der ehemaligen Hochburg der Maoisten hin zum neoliberalen Vorzeigestaat. Der bis 2004 amtierende Präsident Chandrababu Naidu wurde für seine diesbezüglichen „Verdienste" vom *Time Magazine* zum „Asiaten des Jahres" gekürt. Sein Regierungsprogramm *Vision 2020* erinnert nicht zufällig an die bundesdeutsche Agenda 2010. Es ist ein neoliberales Regierungsprogramm, das Naidu von der international berüchtigten Unternehmensberatung McKinsey hatte ausarbeiten lassen – unterstützt von der Weltbank und vom britischen Entwicklungshilfeministerium: Eine ehemals für den Eigenbedarf und für die kleinen örtlichen Märkte produzierende Landwirtschaft sollte nach diesem Programm produktiver, effizienter und technologieintensiver werden und sich an den Erfordernissen des internationalen Marktes orientieren. Die unter diesen Bedingungen „überschüssige" Landbevölkerung müsste in die Städte abwandern. Kurz vor den allgemeinen Wahlen in Indien erlitt die Naidu-Regierung 2004 in Andhra Pradesh eine dramatische Wahlniederlage, denn die Landbevölkerung empfand sein Regierungsprogramm als Angriff auf ihre Existenz (vgl. Klas 2006, 40). Diese Stoßrichtung entspricht exakt dem blinden Fortschrittsglauben der indischen Väter der Grünen Revolution. Fortschrittlich ist ein Land demnach dann, wenn nur noch ein kleiner Teil der Bevölkerung in der Landwirtschaft arbeitet, der Rest im Industrie- oder Dienstleistungssektor. Die Konditionen dieser „Entwicklung" unterscheiden sich, wenn man sie mit der Zeit der industriellen Revolution in Europa vergleicht. Die vom Land Vertriebenen haben kaum eine Möglichkeit, eine Arbeit zu finden: Die Industrieproduktion ist heute hochgradig automatisiert und die Arbeiten im höheren Dienstleistungssektor (der niedrigere – also Dienstleistungen, die keine besondere Qualifikation erfordern, z. B. Straßenhändler, Schuhputzer, Fahrer, Küchenhilfen – ist sowieso schon überlaufen) erfordern eine Ausbildung, über die die Landbevölkerung in der Regel nicht verfügt. Die Option des Auswanderns steht ihnen auch nicht offen, da es heute – im Unterschied zu vergangenen Jahrhunderten – überall auf der Welt strenge Visa- und Einreisebedingungen gibt, die sie nicht erfüllen können.

Zurück in den Distrikt Warangal mit seinen zwei Millionen Einwohnern, von denen mehr als die Hälfte weder lesen noch schreiben kann, auch nicht in ihrer Muttersprache Telugu. Seit den 80er Jahren ist Warangal ein Experimentierfeld für die Agrarindustrie. Von den klassischen Selbstversorger-Produkten wie Hirse, Bohnen und Linsen haben die Bauern in den 80ern ihre Produktion auf sogenannte Cash-Crops (Sorten, die vor allem für den Verkauf angebaut werden) umgestellt, z. B. Baumwolle und Chili. Die Input-Kosten schnellten deshalb in die Höhe, denn Cash-Crops werden mit kommerziellem und patentrechtlich geschütztem Hybridsaatgut angebaut, das künstliche Bewässerung, viel Kunstdünger und Pestizide benötigt. Der Bayer-Konzern verkauft z. B. bis heute Pestizide, die in Deutschland längst verboten sind, weil sie als krebserregend gelten, z. B. Endosulfan. Die Abhängigkeit von Saatgut- und Pestizidkonzernen ist seitdem rapide angestiegen, u. a. weil die Bauern immer mehr Bargeld brauchen. Wasser- und Stromversorgung sind auf Betreiben der Weltbank zum Teil schon privatisiert. Immer wieder neue und teurere Pestizide müssen gekauft werden, weil die Schädlinge nach einer gewissen Zeit Resistenzen entwickeln. Weil Kleinbauern von den staatlichen Banken nicht als kreditwürdig angesehen werden, sind die Gläubiger meistens identisch mit den Saatgut- und Pestizidhändlern, die zweistellige Zinssätze für ihre Kredite verlangen und notfalls das Land der Bauern pfänden lassen.

Ende der 90er Jahre kam es in Warangal zu einer ersten Selbstmordwelle, also wenige Jahre nach der Marktöffnung Anfang der 90er Jahre. Die Gesetze des Marktes sind unerbittlich: Wenn die Ernte schlecht ist, gibt es kein Geld. Wenn die Ernte gut ist, fallen die Preise und nicht einmal die Investitionen können angemessen gedeckt werden. In dieses Szenario kommt nun ein neues Heilsversprechen westlicher Konzerne: BT-Baumwolle. Es handelt sich um ein gentechnisches Produkt des US-Saatgutmultis Monsanto. Das eingepflanzte Gen soll die Baumwolle gegen den weit verbreiteten Schädling, den Baumwollwurm, immun machen. Deshalb, so die Werbung, kämen die Bauern künftig ohne den Einsatz von Pestiziden und Kunstdüngern aus und könnten eine gute Ernte einfahren. Obwohl das Saatgut viermal so viel kostet wie herkömmliches Baumwollsaatgut, haben viele Kleinbauern in Warangal von diesem neuen „Wundermittel" Gebrauch gemacht.

Das liegt vor allem an der massiven Werbung, mit der die BT-Baumwolle angepriesen wurde. Mit dem Werbebudget von Monsanto (welches das Budget für Öffentlichkeitsarbeit eines Bundesstaates wie Andhra Pradesh übersteigt), wurden Fernsehspots und Titelgeschichten in Tageszeitungen gekauft. Vertreter reisten über das Land und schlossen Verträge gegen Vorauszahlung ab. Aber es stellten sich schnell Probleme mit dem BT-Saatgut ein, denn es funktioniert vor allem unter idealen klimatischen Laborbedingungen, die allerdings in Warangal häufig nicht gegeben sind. Allein im Erntejahr 2004 standen laut Angaben des Agrarministers in Andhra Pradesh 12 000 Familien, die das BT-Saatgut angepflanzt hatten, vor dem Ruin, weil die Ernte komplett ausfiel. Die Ernteausfälle gingen einher mit zahlreichen Selbstmorden. Die Selbstmorde setzen sich bis heute fort – allerdings sind die offiziellen Zahlen leicht gesunken, weil die Regierung die Statistiken manipuliert – z. B. werden keine Frauen, sondern nur Männer gezählt, die die Besitztitel für die Ländereien halten. In der Presse werden die Baumwollregionen Andhra Pradeshs auch als „Killing Fields" bezeichnet. Meistens töten sich die Bäuerinnen und Bauern, indem sie Pestizide trinken, das Symbol der Grünen Revolution. Bleibt die Frage, warum die Bauern nicht einfach zu den alten Selbstversorger-Sorten zurückkehren: Die Schulden haben sie in eine große Abhängigkeit von den Geldverleihern gebracht, die fast immer identisch mit Saatgut- und Pestizidhändlern sind. Sie setzen den Bauern die Pistole auf die Brust: Entweder sie bauen weiter Cash-Crops an und bezahlen irgendwie ihre Schulden zurück, oder ihr Land wird gepfändet.

Mythos „trickle down effect"

Im Westen wird behauptet, das Wirtschaftswachstum und die Marktöffnung werden langfristig auch die Probleme der einfachen Bevölkerung lösen. In der Sprache der Wirtschaftswissenschaftler heißt das „trickle down effect", wonach angeblich nach und nach immer etwas vom Wohlstand der Reichen in die Unterschichten durchsickern würde. Bisher ist davon nichts zu merken. Für viele Menschen verschlechterte sich sogar die Situation: Die zunehmende Privatisierung des öffentlichen Sektors, der von ausländischen und indischen Unternehmen übernommen wird, führt zu Preiserhöhungen und Massenentlassungen, z.B. bei der Energie- und Wasserversorgung. Mindestens 400 000 Kleinbetriebe sind seit der Marktöffnung Anfang der 90er Jahre pleite gegangen. Eine große Bedrohung stellen derzeit die international operierenden Supermarkt- und Discounter-Ketten dar, von denen einige mit aller Macht auf den indischen Markt drängen. Millionen indischer Straßen- und Einzelhändler sehen ihre Existenz gefährdet. Metro, Rewe und Walmart drängen z.B. die EU, ein Freihandelsabkommen mit Indien abzuschließen, das ihnen dann freien Marktzugang gewähren würde.

Verändert die liberale Marktwirtschaft wenigstens das Kastensystem in Indien, indem es durchlässiger wird? Im Hinduismus ist die gesellschaftliche Stellung von Geburt an festgelegt. Vor allem die unteren Kasten und sog. Kastenlose, die sich heute als *Dalits* bezeichnen (übersetzt: die Gebrochenen, Zertretenen), sollen angeblich neue Aufstiegschancen mit dem Einzug des ungebremsten Kapitalismus bekommen. Auch das stimmt nicht, denn die staatliche Quotenregelung, die bisher wenigstens einigen Dalits und Angehörigen niederer Kasten Aufstiegsmöglichkeiten eröffnete, gilt nur für den öffentlichen, aber nicht für den privaten Sektor. D.h., mit zunehmender Privatisierung sinken die ohnehin schlechten Chancen der ca. 160 Millionen Dalits in Indien, eine menschenwürdige Arbeit zu finden. Dies gilt auch für die 80 Millionen Menschen der indigenen Völker Indiens, für die Adivasis (übersetzt: Die, die zuerst hier waren). Sie werden außerdem oft von ihrem seit Jahrhunderten angestammten Boden vertrieben, der z.B. für Großprojekte der Dienstleistungs- oder Produktionsindustrie sowie Staudammprojekte erschlossen wird. Zu den Globalisierungsverlierern gehören auch die 10 Millionen indische Fischer. Wenn man nun die erwähnten Gruppen gemeinsam betrachtet, kommt man auf mehrere hundert Millionen Menschen, die unter den derzeitigen Entwicklungen in Indien zu leiden haben. Demgegenüber bewegen sich die neuen Jobs für die Mittelklasse im maximal zweistelligen Millionenbereich.

Und im unteren Segment des Mittelklasse-Sektors klagen Callcenter-Beschäftigte über ihre Arbeitsbedingungen. Etwa 400 der 500 größten US-Unternehmen lassen mittlerweile Dienstleistungen – z.B. Kundenhotlines,

Buchführung usw. – in Indien erledigen. Wegen der Zeitverschiebung müssen sie nachts arbeiten, um für die Kunden erreichbar zu sein. Üblich sind sechs Nachtschichten die Woche. Bei den Beschäftigten gibt es eine hohe Fluktuation, denn nur wenige halten die Arbeit über einen längeren Zeitraum aus. Viele verlieren ihre sozialen Kontakte und sind ausgebrannt. An den Hotlines müssen sie für die US-amerikanischen Kunden auch ihre Identität ändern, damit diese nicht merken, dass sie es mit Indern zu tun haben. Die Mitarbeiter der Callcenter heißen dann nicht mehr Rahul oder Laxmi, sondern Roger oder Linda. Die Callcenter-Angestellten bezahlen einen hohen Preis, auch wenn sie mit 200–300 Euro monatlichem Einstiegsgehalt doppelt soviel verdienen wie vergleichbare Beschäftigte im öffentlichen Dienst oder in den Staatsbetrieben. Zudem relativiert die hohe Inflationsrate die Lohnhöhe im Callcenter-Bereich.

Das Verhältnis zwischen den Gewinnern und Verlierern der Globalisierung erinnert an die Kolonialzeit: Aus den Memoiren von Lord Macaulay, einem britischen Historiker und Kolonialbeamten, gibt es ein Zitat aus dem Jahre 1834, das auch die Situation im heutigen Indien treffend beschreibt: „Wir müssen uns in Indien eine Klasse heranziehen, die als Mittler zwischen uns und den von uns Regierten fungieren kann – indisch in Abstammung und Hautfarbe, doch englisch in Geschmack, Anschauung, Moral und Geist." (vgl. Klas 2006, 7f.)

Die offiziellen Lösungsvorschläge, wie die krisenhaften Prozesse zu lösen wären, orientieren sich an den Vorgaben westlicher Entwicklungsmodelle: noch mehr Wirtschaftswachstum, noch mehr landwirtschaftliche Produktion durch Einsatz von Agrartechnik und Gentechnik. Kritische Geister in- und außerhalb Indiens bezeichnen diese Entwicklung als *Neokolonialismus*. Dieses Déjà-vu ist ein wichtiges Motiv für den Widerstand, der sich gegen die Ausbeutung des Subkontinents und seiner Menschen regt.

Widerstand & Alternativen

Der Widerstand zeigte sich u. a. bis 2009 in den Wahlerfolgen der Kommunistischen Parteien Indiens und dem wachsenden Einfluss der Naxaliten und der maoistischen Guerillaorganisationen,[2] aber vor allem in den anwachsenden sozialen Bewegungen der Bauern, Fischer und Dalits. In den großen Städten bilden sich neben den Richtungsgewerkschaften, die vor allem im öffentlichen Sektor aktiv sind, neue Gewerkschaftsbewegungen heraus, die soziale Absicherung auch im informellen Sektor einfordern. Die Softwarebranche und der Callcenter-Bereich sind in Indien weitgehend gewerkschaftsfreie Zonen.

Auch hier spielt wieder die Landbevölkerung eine zentrale Rolle für Veränderungen, weil sie die Mehrheit im Lande stellt. Der Agrarexperte Devinder Sharma verknüpft das Schicksal der Kleinbauern in Indien mit der weiteren Entwicklung der weltweiten Agrarproduktion. Die Kleinbauernorganisationen zielen auf Unabhängigkeit von der westlichen Agrarindustrie und Ernährungssouveränität. Im Gegensatz zur Ernährungssicherheit, die auch von westlichen Regierungen und den von ihnen kontrollierten internationalen Gremien im Munde geführt wird, setzt die Ernährungssouveränität auf regionale Produktion und stellt die Eigentumsfragen in den Mittelpunkt: Wer kontrolliert den Zugang zu Ressourcen wie Land, Wasser und Saatgut? Sie wenden sich gegen eine privatwirtschaftliche Kontrolle dieser Ressourcen. Instruktiv ist an dieser Stelle das Beispiel der *Deccan Development Society* (DDS) in einem Nachbardistrikt Warangals zu nennen. Diese Initiative hat zur Gründung von mehr als 80 Frauenräten in den Dörfern des Medak-Distrikts geführt, insgesamt arbeiten mehrere tausend Frauen mit, hauptsächlich Angehörige der unteren Kasten und Dalits. Jede einzelne Bäuerin bewirtschaftet bis zu drei Hektar minderwertiges Land. Die Übereignung dieses Landes auf Lebenszeit wurde mit der Distriktverwaltung ausgehandelt. Weil sich bei Meinungsumfragen im Vorfeld herausstellte, dass Männer besonders anfällig für die Werbeoffensiven der Agrarindustrie sind und bevorzugt auf Cash-Crops umsteigen, hat diese Initiative den Frauen das Heft in die Hand gegeben. Die Frauen bauen Linsen, Bohnen und vor allem mehr als ein Dutzend Hirsesorten an, primär für den Selbstverbrauch. Sie betreiben Lagerhaltung und reproduzieren ihr Saatgut selber, arbeiten ohne Pestizide und Kunstdünger. Ihre Anbaumethoden basieren auf traditionellem Wissen. Den Agrarkonzernen stehen sie ablehnend gegenüber. „Ich kaufe mir kein kommerzielles Saatgut", meint die Bäuerin Peda Chandramma, „denn dann wird man zu einem Sklaven der Händler, der uns verschiedene Sorten Saatgut, Pestizide und all dieses Zeug andreht. Wenn wir hingegen verschiedene traditionelle Getreidesorten aussäen, können wir uns von der Ernte ernähren oder sie mehrere Jahre lagern. Das macht uns viel unabhängiger. Selbst wenn wir dieses Jahr eine Missernte haben, gibt es genug zu essen."[3]

Bei diesen Projekten, wie dem der DDS, handelt es sich keinesfalls um rückwärtsgewandte, abgeschottete Gemeinschaften. Die Frauen beteiligen sich und initiieren politische Kundgebungen und Festivals (u. a. gegen die *Vision 2020*), betreiben ein Community-Radio und stehen im Austausch mit anderen Bauernorganisationen und der internationalen Bauernbewegung *La Via Campesina*. Bei ihren Reisen in europäische Länder konnten sie auch Vergleiche ziehen, wie die Dalit-Bäuerin Chinna Narsamma, die knapp ein Hektar Land besitzt: „Wir haben viele Länder besucht: Bangladesch, Sri Lanka und Nepal. Dort sind die meisten Bauern wie wir. Sie besitzen keine großen Ländereien. Aber als wir nach London und Großbritannien gefahren sind, haben wir keine Kleinbauern getroffen. Dort besaß jeder Bauer riesige Äcker, manche sogar mehr als tausend Hektar. Wir hatten immer gedacht, dass alle Bauern, die so viel Land besitzen, reich und glücklich sind. Aber als wir dort waren, haben wir nichts davon gemerkt. Wir hatten den Eindruck, dass sie nicht die Freiheit hatten, das anzupflanzen, was sie pflanzen wollten. Sie folgten den Anweisungen der Regierung. Die gab ihnen Geld, wenn sie einen Teil ihrer Äcker brach liegen ließen. Wir hatten das Gefühl, dass diese Bauern, obwohl sie so riesige Ländereien hatten, nur sehr wenig Freiheit hatten zu entscheiden, was sie anbauen, was sie essen, was sie verkaufen. Sie haben sich völlig der Regierung und dem Markt untergeordnet. Wir hatten zum Beispiel einen Bauern getroffen, der hatte so viel Land, da wären drei Dörfer aus dem Medak mit ausgekommen. Wir dachten, er sei reich und glücklich. Aber als wir dann zusammen saßen, erzählte er, dass er mehr als hunderttausend Pfund Sterling Schulden hat. Er tat uns wirklich leid." (vgl. Klas 2006, 54, zit. n. Chinna Narsamma, Deccan Development Society, 2004)

Die DDS steht exemplarisch für viele andere Kleinbauernorganisationen, z. B. *Navdanya*, initiiert von der Trägerin des alternativen Nobelpreises, Vandana Shiva. Mittlerweile gibt es in Indien ein Hirse-Netzwerk, das den Anbau dieser Feldfrucht propagiert und ausbauen will, denn Hirse kommt ohne künstliche Bewässerung, Kunstdünger und Pestizide aus. Sie könnte auf mehreren Millionen Hektar Trockenland angebaut werden, die derzeit noch brach liegen. Es hat sich allerdings eine Konkurrenz zur Hirse entwickelt, die Jethropa, eine ölhaltige Pflanze, aus der Agrarsprit der sog. „zweiten Generation" gewonnen werden soll. Auch das deutsche Bundesministerium für wirtschaftliche Zusammenarbeit und Entwicklung fördert den Anbau in Indien – zum Beispiel in Andhra Pradesh – und trägt damit zur Konkurrenz der Landnutzung bei: Land für Lebensmittelanbau oder Land zum Anbau von Energiepflanzen für die Tanks der wohlhabenden Mittel- und Oberschicht in Indien.

Eigenständige Entwicklung statt Neokolonialismus

Den Widerstreit der verschiedenen Entwicklungsmodelle hat der marxistische Querdenker Govinda Pillai auf den Punkt gebracht. Als junger Mann hat er – damals als einfaches Parteimitglied – die kommunistische Regierung im südindischen Bundesstaat Kerala miterlebt. Es war weltweit die erste kommunistische Regierung, die 1957 in Kerala nicht mit einer Revolution, sondern im Rahmen demokratischer Wahlen an die Macht kam. Später war Pillai lange Jahre führendes Mitglied der CPI (M) und Chefredakteur der Parteizeitung, Vorsitzender der Presse-Akademie und der staatlichen Filmgesellschaft in Kerala. Er verfolgt die internationalen Debatten marxistischer und globalisierungskritischer Denkerinnen und Denker, beschäftigt sich mit Marxismus, Religion und Ökologie. Zweimal musste er seine führenden Parteiämter abgeben: Das erste Mal, als er es wagte, 1989 das Massaker der chinesischen Schwesterpartei am Tian'anmen-Platz in Peking öffentlich zu kritisieren. Das zweite Mal 2003, als er die indische Partei-Ikone der Kommunisten, den ersten kommunistischen Ministerpräsidenten Keralas, in aller Öffentlichkeit kritisierte. Seine Schriften seien rückständig, sagte Pillai, denn E. M. Sankaran Namboodiripad habe nicht berücksichtigt, dass sich die Ungerechtigkeiten einer Gesellschaft nicht allein mit einem Regierungswechsel aus der Welt schaffen lassen würden. Pillai umriss 2004 im Interview seine Vorstellung von Entwicklung folgendermaßen: „Entwicklung ist nicht Wachstum, Investitionen, ein ausgeglichener Haushalt oder das Wirtschaftsprodukt! Es ist ausschließlich die Lebensqualität, die wichtig ist. Der Schutz der Umwelt ist ein wichtiger Aspekt der Lebensqualität. Das westliche Vorbild, das in Indien mit der Kolonialzeit Einzug hielt, aber auch das Modell der Sowjetunion, beide müssen neu definiert, müssen sogar abgeschafft werden. [..] Wir brauchen eine neue Kultur, die den Frauen und der Natur gerecht wird. Wir brauchen Dezentralisierung. Eine zentralisierte Macht stützt sich ausschließlich auf die Großindustrie, auf immer waghalsigere Technologien. Wir brauchen einen neuen Begriff von Entwicklung, der nicht einfach das westliche Modell nachahmt. [..] Die Globalisierung ist für uns nichts Neues, sie ist für uns eine Fortsetzung des alten Kolonialismus." (siehe Klas 2006, 92)

Anmerkungen

[1] (CPI und CPI (M) [Marxist] sind die beiden größten kommunistischen Parteien Indiens. Die CPI (M) entstand 1964. Damals war es innerhalb der CPI hinsichtlich der Einschätzung des indisch-sowjetischen Grenzkrieges von 1962 zu Streitigkeiten gekommen, worauf sich eine Parteigruppe abspaltete und die CPI (M) gründete. Bis zum Ende der UdSSR war die CPI mit der KPdSU und den anderen staatssozialistischen Parteien Osteuropas eng verbunden, während die CPI (M) sehr gute Beziehungen zur Pekinger Führung hatte. Gegenwärtig hat die CPI (M) etwa 800 000 Mitglieder und ist daher zahlenmäßig größer als ihre ehemalige Mutterpartei.)

[2] Die Naxaliten, eine militante maoistische Gruppierung, gehen auf einen Aufstand von Landarbeitern, Kleinbauern und Pächtern in Naxalbari (Westbengalen) zurück, der unter Führung einiger Mitglieder der CPI (M) 1967 stattfand. Nach seiner Unterdrückung wurde die CPI (ML) [Marxist-Leninist] als wichtigste naxalistische Organisation gebildet, die sich als eine Partei von Berufsrevolutionären verstand und den bewaffneten Kampf auf dem Lande mit Landbesetzungen, Enteignungen und Vernichten des Klassenfeindes proklamierte. Wo die Partei nicht der militärischen Repression durch die Landesregierung in Kalkutta zum Opfer fiel, löste sie sich schließlich in eine Vielzahl von Splittergruppen auf, die sich vor allem hinsichtlich der Rolle des bewaffneten Kampfes unterschieden. Während die „legalistisch" eingestellten Gruppierungen, z.B. die CPI (ML)-Liberation, den bewaffneten Kampf nur als letztes Mittel einsetzen wollen und dem Parlamentarismus eine positive Bedeutung beimessen, halten andere Gruppen allein am Konzept eines langen Bürgerkrieges fest. Diese ultramilitanten Gruppen haben sich 2004 zur CPI (Maoist) vereinigt. Die indischen Maoisten haben sich in einem breiten Gürtel von der Grenze Nepals durch das östliche Zentralindien bis weit in den Süden eine militärische Basis mit eigenen Verwaltungsstrukturen geschaffen. Sie stützen sich vor allem auf die am meisten marginalisierten, unterdrückten und verelendeten Gruppen in der indischen Gesellschaft, besonders die der Dalit und Adivasi. (Getzschmann in „Indien und die Naxaliten")

[3] *„Wo sollen wir denn hin? Indische Bauern wehren sich gegen die Folgen der Marktöffnung".* Politisches Feature, Deutschlandfunk, 19.07.2005.

Literatur

KLAS, GERHARD: Zwischen Verzweiflung und Widerstand. Indische Stimmen gegen die Globalisierung. Edition Nautilus, Hamburg 2006.
GETZSCHMANN, LUTZ: Indien und die Naxaliten. Agrarrevolten und kapitalistische Modernisierung, Köln 2011

WOLFGANG-PETER ZINGEL

Indien zwischen wirtschaftlichem Aufstieg und sozialen Herausforderungen

Tiger, Drache, Elefant: Neue Wirtschaftsmacht auf der Überholspur?

Anleihen aus der Tierwelt und der Welt des Automobils müssen herhalten, um den Aufstieg Indiens zur neuen Weltwirtschaftsmacht zu charakterisieren. Immer wieder werden Beiträge zu Indien mit bildhaften Vergleichen angekündigt. Nach den „(kleinen) Tigern" (Süd)Korea, Taiwan, Hongkong und Singapur, den „neuen Tigern" Malaysia, Thailand, Indonesien und den Philippinen und dem „Drachen" China – jetzt der „Elefant" Indien. Dabei ist der Elefant weder das Wappentier Indiens (das ist der Löwe), noch das heilige oder das stärkste Tier (das wären die Kuh und der Affe). Der Elefant steht für Stärke und zuweilen auch für Geschwindigkeit und in jedem Fall für Klugheit und Besonnenheit und nur selten für Raserei. Der elefantenköpfige Gott Ganesha ist der wohl beliebteste Gott in Indien und auch unter den Indienreisenden.

Die Wahrnehmung Indiens als neue Wirtschaftsmacht ist jüngeren Datums. Sie entstand, bevor die hohen Wachstumsraten der letzten Jahre erreicht wurden und war eher Ausdruck der Verwunderung und Hoffnung als der Anerkennung. Indien wurde nach dem Zusammenbruch der Sowjetunion und der Diskussion einer neuen Weltordnung interessant. Die Hoffnung auf einen von der einzigen verbliebenen Supermacht garantierten Weltfrieden schwand nach der Annexion Kuwaits 1990 durch den Irak und dem Golfkrieg im folgenden Jahr. Der spektakuläre Aufstieg Japans zur zweitgrößten Wirtschaftsmacht wurde als „asiatische" Herausforderung betrachtet. Während Japans Höhenflug bald endete und die Tigerstaaten gegen Ende des Jahrhunderts einen herben Rückschlag ihrer Wirtschaftsentwicklung in der Asienkrise erlebten, wuchs Chinas Wirtschaft unaufhaltsam; inzwischen hat China Deutschland als Exportweltmeister abgelöst. Die verbliebene Weltmacht sah sich durch die Attentate vom 11. September 2001 herausgefordert. Wirtschaftlich und politisch ist aber China die größte Herausforderung der USA. Chinas Einfluss ist heute nicht nur in Asien zu spüren, Konkurrenz wäre willkommen. Es ist also kein Wunder, dass sich Indien großen Erwartungen, wirtschaftlich wie politisch, ausgesetzt sieht. Wen Indien überholen soll, ist noch unklar. Das Sprachbild entstammt dem Motorsport, und hier hat Indien mit der Produktion des billigsten Autos der Welt eine größere internationale Aufmerksamkeit erreicht, als China mit der Meldung, die USA in der Automobilproduktion überflügelt zu haben.

Die Frage ist also: Was ist dran am aktuellen Indien-Hype? Kann das Land mit der größten Zahl von Analphabeten auf der Welt zugleich eine Wissensmacht sein? Die Tagung beschäftigt sich mit den „neuen Weltmächten" China und Indien. So ganz neu sind die beiden Staaten allerdings nicht als Weltmächte. Angus Maddison, der langjährige Chefökonom der OECD, hat versucht, die wirtschaftliche Entwicklung der Welt seit der Zeitenwende nachzuzeichnen und ist zu dem Ergebnis gekommen, dass die beiden Staaten den größten Teil der letzten zweitausend Jahre die zwei wichtigsten Wirtschaftsmächte waren. So gesehen haben wir es mit Staaten zu tun, die lediglich ihre historische Vormachtstellung wieder zurückerobern, und nicht mit zwei neuen Weltmächten (vgl. Maddison 2006).

Nicht länger „selbstgefesselt"

Für die indischen Nationalisten bestand kein Zweifel daran, dass wahre Unabhängigkeit mehr sein würde, als nur die Kolonialherrschaft abzuschütteln. Sie forderten „self-reliance", die Besinnung auf die eigenen Stärken und eine Abkopplung vom Weltmarkt. Schließlich war Indien einst von einer ausländischen Handelsgesellschaft erobert und beherrscht worden. Indiens traditionelle Erziehung, seine Sprachen und Schriften waren abgewertet und Indiens Wirtschaft an den Bedürfnissen der Kolonialmacht ausgerichtet worden. Unter Jawaharlal „Pandit" Nehru, dem ersten Ministerpräsidenten (1947–1964) des unabhängig gewordenen Landes, kam dem Staat bei der Durchsetzung der wirtschaftlichen Erneuerung eine Führungsrolle zu. Während der Regierungszeit seiner Tochter Indira Gandhi (1966–1977 und 1980–1984) wurde die Regulierung der Wirtschaft zum Instrument des Machterhalts. Eine überbordende Bürokratie mit einem ausufernden Genehmigungswesen führte zum gefürchteten „licence raj", wobei *raj* nicht nur Herrschaft bedeutet, sondern auch für die britische Kolonialherrschaft steht. Besonderes Gewicht wurde auf den Ausbau der Grundstoff- und Schwerindustrie sowie der Infrastruktur gelegt, alles Bereiche, die hohe Investitionen erfordern und wegen ihrer niedrigen Kapitalproduktivität kurzfristig wenig zum wirtschaftlichen Wachstum beitragen. Die jährlichen Steigerungen von Produktion und Einkommen verharrten in der Größenordnung von jährlich 3,5 % und wurden von indischen Ökonomen als „Hindu-Wachstumsrate" beklagt. Bei steigenden Wachstumsraten der Bevölkerung auf bis zu 2,5 % im Jahr wuchsen die Einkommen der Bevölkerung nur noch um 1,0 % im Jahr – viel zu wenig, um als Steigerung wahrgenommen zu werden.

Der Höhepunkt der staatlichen Regulierung wurde zur Zeit des Notstands („emergency") in den Jahren 1975 bis 1977 erreicht. Nach der Abwahl von Indira Gandhi kam zum ersten Mal nach dreißig Jahren Unabhängigkeit die Opposition an die Regierung, die ihre Gelegenheit der Deregulierung aber kaum nutzte. Indira Gandhi kehrte 1980 an die Macht zurück. Nach ihrer Ermordung (1984) übernahm ihr technikfreundlicher Sohn Rajiv Gandhi die Macht. Nach seiner Wahlniederlage 1989 schwankten die Regierungen der nächsten beiden Jahre ohne stabile Mehrheitsverhältnisse zwischen Populismus (Versuch weiterer Quoten für benachteiligte Bevölkerungsgruppen) und Realismus. Nachdem Rajiv Gandhi während der vorgezogenen Wahlen 1991 ermordet worden war, kehrte die Kongress-Partei mit großer Mehrheit an die Macht zurück.

Sie sah sich mit einer desolaten außenwirtschaftlichen Lage konfrontiert: Als Folge der irakischen Invasion in Kuwait 1990 und des sich abzeichnenden Golf-Krieges verloren Hunderttausende von indischen Arbeitern in beiden Ländern ihre Arbeit, die Heimüberweisungen gingen drastisch zurück. Die indischen Devisenreserven schmolzen unter die kritische Marke von einer Milliarde US-Dollar, sie reichten nur noch zur Finanzierung der Importe eines Monats. Die neue Regierung unter Narasimha Rao sah sich zu einem dramatischen Kurswechsel ihrer Außenwirtschaftspolitik gezwungen. Sie verpfändete die indischen Goldreserven und ließ einen Teil des Goldes sogar ins Ausland fliegen. Um die Deviseneinnahmen zu erhöhen und um die Wettbewerbsfähigkeit der indischen Wirtschaft zu stärken, liberalisierte sie die Außenwirtschaft und legte damit die Grundlage für den Aufstieg der letzten beiden Jahrzehnte. Nach zwischenzeitlichen Unterbrechungen wurden in den letzten Jahren Wachstumsraten erreicht, die früher unvorstellbar waren.

Landwirtschaft: Grüne Revolution und „Emanzipation vom Monsun"

Thomas Robert Malthus, der 1798 seine Theorie über den Zusammenhang von Nahrungsproduktion und Bevölkerungszahl vorlegte und zu den Klassikern der Ökonomie zählt, war Indien als Inhaber des ersten Lehrstuhls für Politische Ökonomie am College der East India Company in Haileybury verbunden. In England und Irland hatte sich das Wachstum der Bevölkerung im Laufe des 18. Jahrhunderts beschleunigt; verbesserte Anbaumethoden in der Landwirtschaft erlaubten die Ernährung einer größeren Bevölkerungszahl; eine höhere Arbeitsproduktivität in der Landwirtschaft setzte die Arbeitskräfte frei, die in der Industrie gebraucht wurden. Trotzdem kam es auch weiterhin immer wieder zu Hungersnöten, meist regionaler Art, weil die Bevölkerung in Gebieten mit erntebedingten Defiziten nicht leicht aus Gebieten mit einer besseren Ernte ernährt werden konnte. Zu einer katastrophalen Hungersnot kam es in Bengalen wenige Jahre nachdem die East India Company dort die Herrschaft übernommen hatte. Unmäßige Erhöhungen der Grundsteuer, eine allgemeine Rechtsunsicherheit und schlechte Witterung führten 1770 zu so hohen Ernteausfällen, dass schätzungsweise ein Drittel der Bevölkerung Bengalens Opfer der Hungersnot wurde. Malthus führte die „famines of Indostan" 1798 in seinem Hauptwerk *An essay on the principles of population* (chap. 7) an. Auch wenn er nicht glaubte, dass Hungersnöte automatisch das Bevölkerungswachstum regulieren würden, war er fest davon überzeugt, dass die Bevölkerung ab einem bestimmten Punkt nicht schneller wachsen könne als die Nahrungsproduktion, und deren Wachstumsmöglichkeiten deshalb begrenzt seien.

Dennoch wuchs die Bevölkerungszahl Indiens während des ganzen 19. Jahrhunderts, weil die Sterblichkeit besonders junger Menschen und werdender Mütter durch die Einführung von Hygiene und die erfolgreiche Bekämpfung ansteckender Krankheiten verringert werden konnte. Seit Mitte des 19. Jahrhunderts wurde das Bewässerungssystem ausgebaut und ermöglichte eine Steigerung der landwirtschaftlichen Produktion. Rückschläge gab es in der Bevölkerungsentwicklung im Zuge der Asiatischen (od. Spanischen) Grippe während und nach dem Ersten Weltkrieg und der Hungersnot während des Zweiten Weltkrieges.

In den 1950er und 1960er Jahren beschleunigte sich die Bevölkerungswachstumsrate rapide. Als es Mitte der 1960er Jahre zu Missernten kam, drohte eine Hungersnot, die nur durch Getreidelieferungen vor allem aus den USA abgewendet werden konnte. Zur gleichen Zeit standen neue Weizensorten mit hohen Erträgen zur Verfügung. Diese Kurzhalmsorten (*dwarf varieties*) stellten jedoch höhere Anforderungen an die Bewässerung (Menge, zeitliche Verteilung), an den Ausgleich von Nährstoffverlust durch Mineraldünger und an den Pflanzenschutz. Ein erfolgreicher Einsatz der neuen Technologie bedingte ein besseres Wissen über die Anbautechniken und Möglichkeiten der Finanzierung aller Inputs. Vor allem im Nordwesten des Subkontinents war das Bewässerungsnetz im Zuge des Indus-Wasser-Vertrages (1960) mit internationaler Unterstützung ausgebaut worden. Die durchschlagenden Erfolge des „Wunderweizens" wurden als Grüne Revolution gepriesen, weil Indien keine ungenutzten Landreserven hat, die als Siedlungsland hätten verteilt werden können, und durch eine Ertragssteigerung eine Steigerung der ländlichen Einkommen ohne eine „Rote Revolution", d.h. eine großangelegte Umverteilung von Grund und Boden, möglich war.

Nach Rückschlägen zu Beginn der 1970er Jahre, die dazu führten, dass die Grüne Revolution seitdem kritisch kommentiert wird, wurden auch bei anderen Früchten, insbesondere bei Reis, Züchtungserfolge erzielt, sodass die Flächenerträge ständig stiegen und immer größere Ernten eingebracht werden können.

Indien ernährt sich selbst; seit den sechziger Jahren hat es keine Importe größerer Mengen von Getreide mehr gegeben. Um frei von an solche Lieferungen geknüpften politischen Auflagen („Food power") agitieren zu können, liegt der Schwerpunkt der indischen Agrarpolitik auf der Getreideproduktion und dem Unterhalt beträchtlicher Vorräte. Dabei bedient sich die Regierung eines Systems staatlichen Ankaufs (*procurement*) und staatlicher Verteilung (*distribution*), das seinen Ursprung in der Zwangswirtschaft des Zweiten Weltkrieges hat. Nach der Eroberung Birmas durch die Japaner fiel die Versorgung vor allem der Küstenstädte durch die Kornkammer Britisch-Indiens aus. Die bevorzugte Belieferung der Truppen und der Rüstungsindustrie, eine Politik der verbrannten Erde, um ein Vordringen der Japaner zu erschweren, Spekulation und unzulängliche Organisation führten zu einer Hungersnot in Bengalen, der sog. *Bengal Famine* von 1943, in deren Folge bis zu drei Millionen Menschen direkt und indirekt umkamen. Eine Verbesserung des Systems verhinderte eine Wiederholung dieses Desasters; in der Not der 1960er Jahre wurde das immer noch existierende System ausgebaut; danach wurde es benutzt, um Vorratslager anzulegen, die als die größten der Welt gelten. Sie helfen seitdem die immer wieder auftretenden Ernteeinbußen auszugleichen.

Eine Hungersnot im unabhängigen Indien konnte verhindert werden; der indische Nobelpreisträger Amartya K. Sen hat daraus gefolgert, dass es in einer Demokratie keine Hungersnot geben würde. Das System ist dennoch nicht unumstritten, weil in Indien mehr Menschen hungern als in irgendeinem anderen Land der Erde, vielleicht sogar mehr als in ganz Afrika.

Die These von Malthus, dass sich die Bevölkerungszahl in einer geometrischen Reihe und die Agrarproduktion in einer arithmetischen Reihe entwickeln würde, und dass deshalb jedes Bevölkerungswachstum irgendwann an seine Grenzen stoßen würde, ist aus indischer Sicht vorerst nicht zu halten: Die Bevölkerungswachstumsrate nimmt auch in Indien nicht mehr zu und bewegt sich heute nur noch in der Größenordnung von 1,5 v. H. im Jahr; die Volkszählung 2011 wird genauere Zahlen erbringen. Gleichzeitig hat sich die Wachstumsrate der landwirtschaftlichen Produktion deutlich erhöht, sodass die Inder im Durchschnitt heute besser ernährt sein dürften als zum Zeitpunkt der Unabhängigkeit (vgl. Zingel 2006). Allerdings sind diese Zahlen umstritten; angesichts erheblicher jährlicher Schwankungen sind kurzfristige Trends ohne Aussagekraft. Dass sich die Situation der Armen verbessert hat, lässt sich wohl nicht nachweisen (vgl. Patnaik 2009).

Die moderne Bewässerungs-Landwirtschaft ist weit weniger von den saisonalen und erratischen Niederschlägen abhängig als in früheren Zeiten. Dietmar Rothermund (2008) spricht hier von der „Emanzipation vom Monsun". Stattdessen haben wir neue Abhängigkeiten, weil Wasser für die künstliche Bewässerung nur in begrenztem Umfang zur Verfügung steht, der Bau großer wasserbaulicher Anlagen immer mehr auf Widerstand stößt, weil Pumpen und die Herstellung von Mineraldünger energieaufwendig sind und der Einsatz von Pflanzenschutzmitteln zu einer schleichenden Vergiftung der Böden führt. Durch unsachgemäße Bewässerung kommt es zu einer Versalzung und Vernässung der Böden und durch den Einsatz schwerer Maschinen zu einer Bodenverdichtung. Wohlmeinende Regierungen haben über Jahrzehnte die Bewässerung durch die Errichtung von wasserbaulichen Anlagen, die Abgabe von Wasser und Energie zu Vorzugspreisen, gegen feste Gebühren (*flat rate*) oder gar umsonst, die Bereitstellung vergünstigter Kredite und den Erlass von Rückzahlungen gefördert und dabei tendenziell eine Übernutzung der Ressourcen Wasser und Energie begünstigt. Eine ökonomische Lösung, das heißt eine Anhebung der Gebühren, würde sicher zu einem vorsichtigeren Einsatz aller Inputs zwingen, sie würde aber erst einmal zu höheren Kosten der Agrarproduktion führen und von Landwirten wie Verbrauchern entschieden abgelehnt werden.

Landflucht als Folge ungelöster Probleme auf dem Lande

Malthus hat bereits auf die abnehmende Grenzproduktivität der Arbeit hingewiesen: Wenn der Einsatz einer zusätzlichen Arbeitskraft ohne merklichen Einfluss auf die Höhe der Produktion bleibt, so ist die Grenzproduktivität der Arbeit gleich Null. Soweit mehr Arbeitskräfte als erforderlich beschäftigt und ernährt werden, gelten sie als versteckt arbeitslos. Landlose Landarbeiter genießen diesen Vorzug nicht: Als Saisonarbeitskräfte leiden sie ebenfalls unter versteckter Arbeitslosigkeit, ohne in irgendeiner Weise sozial abgesichert zu sein. Eine solche versteckte Arbeitslosigkeit herrscht in großem Ausmaß in Indien, weil mehr Arbeitskräfte beschäftigt werden als benötigt. Die zunehmende Zahl nur zum Teil benötigter Arbeitskräfte werden in die Landwirtschaft „hineingeboren"; ihnen bleibt als Ausweg nur die Landflucht. Die ungelösten sozialen Probleme der ländlichen Gebiete müssen nun in den Städten gelöst werden. Im Gegensatz zu China und anderen Ländern hat es in Indien nie staatliche Mobilitätsbeschränkungen gegeben. Dass die Städte früher trotzdem nicht schneller wuchsen, lag am Fehlen einer staatlichen Armenfürsorge. In den letzten Jahrzehnten ist aber vor allem die Zahl der landlosen Landarbeiter angestiegen, die als erste und doppelt von Missernten betroffen sind, weil die Landwirte vermehrt eigene Arbeitskraft einsetzen und die Preise für Nahrungsmittel steigen. Aber auch sonst sehen viele auf dem Lande keine Zukunft und wandern in die Städte, wo sie nach Möglichkeit bei Verwandten und Freunden unterkommen.

Südasien ist die am wenigsten urbanisierte Region der Welt; bei der letzten Volkszählung 2001 lag der Anteil der städtischen Bevölkerung Indiens bei 27,8 v. H. (Statistical outline of India 2008–09, 31) und dürfte immer noch unter einem Drittel liegen. Dennoch zählen Mumbai, New Delhi, Kolkota und Chennai zu den größten Städten der Welt. Die Volkszählung 2011 wird ergeben, ob diese vier Metropolen immer noch die größte Anziehungskraft haben oder „kleinere" regionale Zentren wie Bangaluru und Hyderabad höhere Wachstumsraten der Einwohnerzahl vermelden können.

Positionsbestimmung

Nicht nur gemessen am Anteil der ländlichen Bevölkerung, sondern auch am Anteil der Landwirtschaft an der Beschäftigung ist Indien immer noch als Agrarland zu bezeichnen. Mehr als drei Viertel aller Arbeitskräfte, nämlich 310 Millionen von insgesamt 402 Millionen wurden 2001 als ländlich eingestuft (Statistical outline of India 2008–09, 36). 176 Millionen Menschen arbeiteten in der Landwirtschaft, mehr als viermal so viele wie in der Industrie (ebd.). Gemessen an der Wertschöpfung spielt die Landwirtschaft allerdings eine ungleich geringere Rolle: 2007–08 hatte die Landwirtschaft nur noch einen Anteil von 19,2 v. H. am Nettoinlandsprodukt (ebd., 17). Aus diesen Zahlen lassen sich die ganz und gar unterschiedlichen Arbeitsproduktivitäten und ein erhebliches Einkommensgefälle von der Industrie zur Landwirtschaft errechnen.

Gemessen an der Wirtschaftsleistung kann Indien als Wirtschaftsmacht eingestuft werden, auch wenn das Bruttoinlandsprodukt erst bei einem Drittel Chinas liegt. Tata Services sieht Indien in ihrer aktuellen Einschätzung, gemessen am Bruttonationaleinkommen, an 12. Stelle der Staaten der Welt (Statistical outline of India 2008–09, 260); gemessen an der Kaufkraft rangiert es nach Weltbank-Angaben nach den USA, China und Japan an vierter Stelle (World development report 2010, 378f.).

Indien wird auch gerne als Wissensmacht bezeichnet. Nach indischen Angaben gab es 2001 rund 27 Millionen Frauen und Männer mit einem akademischen Abschluss, darunter 1 Million graduierte und 1,5 Millionen diplomierte Ingenieure (Statistical outline of India 2008–09, 228). Mit diesen Zahlen dürfte Indien international mit an der Spitze liegen. Sie sagen allerdings nichts über die Qualität der Ausbildung aus. Bekanntlich gehören die *Indian Institutes of Technology* (IITs), die *Indian Insitutes of Management* (IIMs) und das *Indian Institute of Science* (IIS) zu den besten der Welt; es gibt aber auch viele Bildungseinrichtungen von weit geringerer akademischer Reputation.

Eine Weltmacht ist Indien allenfalls als Nuklearmacht und der Zahl der Soldaten nach, von der Ausrüstung her dürfte Indien noch immer von vielen Staaten übertroffen werden. Der letzte größere Auslandseinsatz der indischen Armee war in Sri Lanka (1987–1990) und wurde abgebrochen, nachdem sich die indische Armee dort nicht hatte durchsetzen können.

Mit Öffnung der indischen Wirtschaft stieg im Ausland die Hoffnung auf einen neuen großen Absatzmarkt. Angesichts der immensen Bevölkerungszahl keimte die Hoffnung auf eine nach Hunderten von Millionen zählende indische Mittelschicht; genannt wurden Zahlen von 250 Millionen bis 700 Millionen. Solche Zahlen ergeben sich aber nur bei einer sehr umfassenden Definition von Mittelklasse, die – abgesehen von den wenigen Reichen – lediglich die Allerärmsten ausschließt. Nach einer indischen Studie zählte die kaufkräftige *Great Indian Middle Class* zu Beginn des Jahrzehnts allenfalls 50 Millionen Mitglieder. (In den Jahren 2001–02 hatten nach Angaben des indischen Wirtschaftsforschungsinstituts NCAER 10,7 Millionen Haushalte ein Jahreseinkommen von 0,2 bis 1,0 Million Indische Rupien.) Legt man europäische Maßstäbe an und geht vom Besitz eines eigenen Pkw aus, so wird diese Zahl selbst heute nicht erreicht: Die indische Pkw-Produktion steigt und hat zwei Millionen im Jahr erreicht. Viele Fahrzeuge sind aber Dienst- und Geschäftswagen. Wenn wir die Anschaffung eines privaten (kleinen) Autos als Einkommensmaßstab verwenden, so zählt die indische Mittelklasse vorerst nur etliche Zehn und keine Hunderte von Millionen.

Das koloniale Erbe

Auch nach mehr als einem halben Jahrhundert Unabhängigkeit wirkt das koloniale Erbe noch immer in vielen Bereichen nach. Es ist geprägt von der Zerstörung der politischen, administrativen, wirtschaftlichen und sozialen Strukturen und Institutionen, die die Kolonialherren vorfanden, von der Deformation der Wirtschaft und ihrer Ausrichtung an den Interessen des „Mutterlandes" und von der einseitigen Orientierung der Administration an den Bedürfnissen einer fremden Macht. Bereits in der Frühzeit der Ausdehnung territorialer Macht der East India Company kam es zu einer De-Urbanisation und De-Industrialisierung. Dazu kamen eine Anglisierung der Kultur und des Rechtssystems, eine Abwertung der indischen Sprachen und Schriften und des traditionellen Bildungssystems und dadurch ein Verzicht auf eigene Forschung und Entwicklung. Die Übernahme kolonialer Rechtsvorstellungen führte zu einem Verlust an Rechtssicherheit und -billigkeit.

Die Politik des „Teile und herrsche!" beinhaltete ein Ausspielen der gesellschaftlichen Gruppen gegeneinander und die Herrschaft einer *Pax Britannica*. Indien wurde in die Unabhängigkeit mit einem politischen, administrativen, rechtlichen und wirtschaftlichen System, das sich an den Bedürfnissen einer fremden Herrschaft orientierte, „entlassen". Das britische Kolonialsystem war während seiner gesamten Geschichte intern ausgerichtet gewesen auf die gewaltsame Eintreibung von Steuern und war der Sicherheitsgarant für die globalen wirtschaftlichen, politischen und strategischen Zielsetzungen Großbritanniens.

Aus der „unfertigen" Teilung Indiens gingen zwei verfeindete Staaten hervor, die ihre Wirtschaftspolitik (auch) an ihren strategischen Notwendigkeiten ausrichten: Während Pakistan sich in das westliche Verteidigungssystem durch Mitgliedschaft in der *Central Treaty Organization* (CENTO) und in der *South East Asian Treaty Organization* (SEATO) integrierte, versuchte Indien einen „Dritten Weg" der Bündnis- und Blockfreiheit, sah aber 1971 keinen anderen Weg, als sich mit einem zwanzigjährigen Friedens- und Freundschaftsabkommen an die Sowjetunion zu binden und sich so Rückhalt im Krieg gegen Pakistan zu sichern. Die sowjetische Invasion in Afghanistan 1979 beförderte Indien in ein moralisches und politisches Dilemma, aus dem es erst durch das Genfer Abkommen von 1998, das den sowjetischen Afghanistan-Krieg beendete, und durch die Auflösung der Sowjetunion erlöst wurde.

Alte und neue Probleme

Der Rückzug der Sowjetunion und der USA aus Afghanistan, der in Genf vereinbart worden war, führte aber keineswegs zur Befriedung der Region. In Kabul konnte sich das von der Sowjetunion installierte kommunistische Regime noch eine Weile halten, bis das Land vollends im Bürgerkrieg versank, aus dem schließlich die Taliban als Sieger hervorgingen. Der Logik des *arthaschastra*, der uralten indischen Lehre der Staatskunst, folgend, dass der Feind des Feindes Freund sei, unterstützte die indische Regierung die Nord-Allianz von Ahmad Shah Mahsud gegen die von Pakistan unterstützten (um nicht zu sagen erschaffenen) Taliban. Diese konnte die Regierung in Afghanistan übernehmen, als die Taliban nach den Terrorakten des 11. September 2001 von einer internationalen Streitmacht unter Führung der USA aus Kabul und vielen anderen Orten vertrieben worden waren. Indien ist zu einem der Hauptgeber in Afghanistan geworden, während das Verhältnis der von den USA installierten Regierung Karzai zum wichtigsten Bündnispartner der USA in der Region, Pakistan, gespannt ist. Die Rede ist bereits von einem Stellvertreterkrieg Indiens und Pakistans, der in Afghanistan ausgetragen wird. Der Krieg verlagert sich immer mehr nach Pakistan. Es droht eine erneute direkte militärische Konfrontation der beiden südasiatischen Nuklearmächte.

Das Genfer Abkommen schuf für Indien aber ein weiteres Problem, das seitdem die indische Politik maßgeblich bestimmt. Der zum „Kampf der Systeme" stilisierte sowjetische Krieg in Afghanistan hatte Kämpfer aus der ganzen islamischen Welt angelockt, die als eine „Islamistische Internationale" auf Seiten der *mujahiddin* focht. Die aus Saudi-Arabien und dem Jemen stammende Al-Qaida wurde zur bekanntesten Gruppe. Es war abzusehen, dass diese Gruppen – in ihren radikalen religiösen und politischen Überzeugungen gestärkt – zu einem Element der Unruhe in ihren Heimatländern werden würden, wenn sie nach einem Ende des Afghanistan-Krieges in ihre Heimatländer zurückkehren würden, und in der Tat haben radikale und terroristische Gruppen in etlichen Ländern ihre Wurzeln im Afghanistan-Krieg.

Die Tatsache, dass exakt zum Zeitpunkt, als die letzten sowjetischen Truppen Afghanistan im Frühjahr 1989 verlassen hatten, die Unruhen im indischen Teil Kaschmirs begannen, verstärkt die Vermutung, dass die pakistanische Regierung und/oder das pakistanische Militär hier eine Möglichkeit sahen, pakistanische Extremisten, die bisher in Afghanistan gekämpft hatten, von Pakistan fernzuhalten und ihnen ein neues Betätigungsfeld außerhalb Pakistans zu bieten. Pakistan befand sich in einem Zustand des politischen Umbruchs. Der Militärdiktator Zia ul Haq, seit 1977 an der Macht, aber erst nach dem Einmarsch der Sowjets in Afghanistan Weihnachten 1989 und mehr noch seit den US-Wahlen im Herbst 1990 und der Übernahme der Präsidentschaft durch Ronald Reagan im Januar 1991 von den USA rückhaltlos unterstützt, galt als religiöser Eiferer und Gegner des Genfer Abkommens. Er kam kurz nach Unterzeichnung bei einem Flugzeugabsturz unter bis heute ungeklärten Umständen ums Leben. Aus den ersten freien Wahlen seit 1971 ging bei den Wahlen 1998 die Pakistanische Volkspartei unter Benazir Bhutto hervor. Als Ministerpräsidentin musste sie die Macht mit dem Präsidenten in der Nachfolge Zias (der sie schon bald aus dem Amt jagte) und dem Militär teilen. In diese Zeit fällt der Aufstieg des militärischen Geheimdienstes, des *Inter Services Intelligence* (ISI), zur zentralen Instanz in Pakistan; ihm werden von indischer Seite die Aktionen in Kaschmir, der Kargil-Krieg 1999 und schließlich die terroristischen Anschläge in Srinagar, New Delhi und Mumbai – nebst vielen anderen – zur Last gelegt.

Die Unruhen in Kaschmir halten noch immer an. Sie haben zeitweise Hunderttausende indischer Soldaten und Grenztruppen gebunden. Nach indischer Auffassung stellen der ehemalige Fürstenstaat Jammun und Kaschmir einschließlich der von Pakistan und China kontrollierten Gebiete einen indischen Unionsstaat dar. Er ist der einzige mit einer muslimischen Bevölkerungsmehrheit und wird deshalb als Beweis dafür, dass Indien ein säkularer Staat sei, herangezogen. Allerdings genießt er nach Artikel 370 der indischen Verfassung eine Sonderstellung, deren Rechtfertigung von den indischen Hindu-Nationalisten abgelehnt wird.

Eine Lösung des Kaschmir-Konflikts ist nicht in Sicht. Die häufig als einfachste Lösung angepriesene Volksabstimmung wirft die Frage auf, wer nach Jahrzehnten von Flucht und Vertreibung abstimmungsberechtigt wäre, und ob über den Staat insgesamt abzustimmen wäre oder über die Teilgebiete. Fraglich wäre auch, wie zu verfahren wäre, wenn sich im ganzen Gebiet oder nur in Teilgebieten eine Mehrheit für einen souveränen Staat finden würde. Indiens Zustimmung zu einer Volksabstimmung, die immer wieder zitiert wird, galt (nur) unter der Bedingung, dass zuvor alle ausländischen Truppen Jammu und Kaschmir zu verlassen hätten. Eine Befragung der Betroffenen mit offenem Ausgang dürfte ohnehin weder für Indien noch für Pakistan eine Option sein.

Ebenso wichtig und mit Kaschmir verknüpft ist die Frage des Wassers: Es ist in trocken-heißen Gebieten die neben Boden wichtigste Ressource der Landwirtschaft. Es ist zudem eine Fließressource über Ländergrenzen hinweg. Im Falle Pakistans kontrolliert Indien die Oberläufe aller wichtigen Flüsse (mit Ausnahme des Kabul); da Pakistans Landwirtschaft auf vier Fünftel der Flächen unter Bewässerung erfolgt, kommt dem Wasser höchste strategische Bedeutung zu. Nach der Unabhängigkeit wäre es deshalb fast zum Krieg gekommen. 1960 konnte man sich aber im Induswasser-Vertrag darauf einigen, dass jedes der beiden Länder die alleinigen Nutzungsrechte für drei Flüsse erhält, d.h. Pakistan für Indus, Jhelum und Chenab und Indien für Ravi, Beas und Sutlej. Indien darf das Wasser „seiner" Flüsse zur Bewässerung ableiten und verzichtet auf solche Maßnahmen bei den anderen drei Flüssen. Wohl weil die Regelung so einfach ist, hat sie sich seit einem halben Jahrhundert bewährt. Schwieriger ist dies im Falle des Gangeswassers, das Indien nach Kalkutta umleitet, um dem Hafen einen hinreichenden Wasserstand zu garantieren. Dieses Wasser fehlt Bangladesch, das im Mündungsdelta legt, in der Trockenzeit. Es gibt zwar ein Abkommen, das die Ansprüche des Unterliegers sichern soll, doch ist dies in Bangladesch sehr umstritten.

In Pakistan hat die Perzeption einer dauerhaften, existenziellen Bedrohung der Unabhängigkeit Pakistans als Heimat der Muslime des Subkontinents der Armee zu ihrer Sonderstellung als Staat im Staate verholfen. Falls sich die *convenient enemies* auf eine dauerhafte Lösung des Konflikts verständigen könnten, würde die Armee ihrer raison d'être verlustig gehen. Pakistan wäre auch nicht mehr im bisherigen Ausmaß auf die Unterstützung

Chinas angewiesen. Es ist fraglich, ob sich damit eine Entspannung des Verhältnisses Indiens zu China einstellen würde.

Die indisch-chinesischen Beziehungen waren anfangs der 1950er Jahre noch herzlich; man sprach von *Hindi-Cini Bhai Bhai*, was sich mit „Inder und Chinesen sind Brüder" übersetzen ließe. Die Freundschaft zerbrach schnell an der Tibet-Frage. Ohne dass es die indische Regierung merkte (oder merken wollte), baute China eine Straße von Singkiang nach Tibet durch den Aksai Chin, der nach indischer Auffassung Teil Kaschmirs war. Überhaupt gab es Streitigkeiten über den Grenzverlauf auf der ganzen Länge im westlichen und östlichen Himalaja. 1962 kam es zum Krieg mit China, der zeigte, dass Indien China militärisch nicht gewachsen war. Der amerikanische Präsident versuchte vergeblich, Pakistan zu einer militärischen Unterstützung Indiens zu bewegen. Stattdessen schloss Pakistan im folgenden Jahr mit China ein Grenzabkommen, in dem Pakistan auf Gebiete entlang der Grenze zu China verzichtete, einschließlich des Aksai Chin. 1962 hatten die Hauptkämpfe in Arunachal Pradesh stattgefunden. China beansprucht einen großen Teil dieses Unionsstaates. Es hat sich soweit mit seinen Ansprüchen durchgesetzt, dass Arunachal Pradesh auf den Karten von Google Map als umstrittenes Gebiet erscheint. China hat den Beitritt Sikkims zu Indien lange nicht akzeptiert; erst in jüngster Vergangenheit erschien Sikkim auf chinesischen Karten als indisches Gebiet.

Trotzdem ist China zu Indiens wichtigstem Handelspartner aufgestiegen. Weil Chinas Außenhandel aber mehrfach so groß ist wie der Indiens, nimmt Indien keinen so bedeutenden Rang unter Chinas Außenhandelspartnern ein. Indische Firmen investieren in China und chinesische in Indien. Die indische Regierung hat aber verhindert, dass es zu irgendeiner bedeutenden chinesischen Beteiligung in der indischen Wirtschaft gekommen wäre.

Die Bevölkerungsentwicklung

Auch wenn heute niemand mehr von einer „Bevölkerungsexplosion" spricht und sich die Hoffnungen auf einen Erfolg der Familienplanung angesichts rückläufiger Geburtenraten erübrigt zu haben scheinen, wird es noch Jahrzehnte dauern, bis es bei einem Anhalten des jetzigen Trends zu einem Nullwachstum der Bevölkerung kommen wird. Indien wird vermutlich noch vor der Jahrhundertmitte China bei der Bevölkerungszahl überholt haben und schließlich weit mehr als 1,5 Milliarden Einwohner zählen. Der

Grund liegt darin, dass die zukünftige Elterngeneration bereits geboren und zahlreicher als die ihrer Eltern ist. In Indien wie in China beobachten wir, wie die Präferenz für männliche Nachkommen durch Abstinenz (Verzicht auf weiteren Nachwuchs nach der Geburt eines oder mehrerer Knaben) und Intervention, d.h. Abtreiben weiblicher Föten (*female foeticide*) dazu geführt hat, dass es in beiden Ländern weit mehr junge Männer als junge Frauen gibt. Unter der Überschrift „The war on baby girls: Gendercide" spricht *The Economist* vom 5. März 2010 von 100 Millionen fehlenden Bräuten. Es sind tiefgreifende Wirkungen dieser Entwicklung auf die Sozialstruktur der beiden Länder zu erwarten.

Vorerst gilt die Sorge der Ernährung einer weitaus größeren Bevölkerung. Einfache Überschlagsrechnungen ergeben, dass es sich in Indien vorerst „nur" um ein Verteilungsproblem handelt. Würde die heutige Nahrungsproduktion auf die Bevölkerung gleichmäßig verteilt werden, bräuchte in Indien niemand zu hungern. Dass dies in der Praxis schwierig, wenn auch nicht unmöglich, ist, lässt sich aus der Tatsache ableiten, dass Indien das größte Nahrungsverteilungssystem (*Public Distribution System* – PDS) unterhält, ohne des verbreiteten Hungers Herr werden zu können. Der Grund ist darin zu suchen, dass die Verwaltungen der ärmsten Unionsstaaten am wenigsten effizient und am meisten von der Korruption geplagt sind. Dieser Umstand lässt sich auch bei der Umsetzung des Beschäftigungsprogramms nach dem *Mahatma Gandhi National Rural Employment Guarantee Act* (NREGA) erkennen, der im Prinzip allen ländlichen Familien die Beschäftigung eines Mitglieds für 100 Tage im Jahr garantieren soll.

Die deutlich höheren chinesischen Hektarerträge geben Anlass zu der Hoffnung, dass sich die Erträge in Indien weiter steigern lassen und eine wesentlich größere Bevölkerung ernährt werden könnte, auch wenn keine weiteren Anbauflächen zur Verfügung stehen. Voraussetzung ist aber, dass die erforderlichen Mengen an Wasser und Energie bereitgestellt werden können. Es bleibt in jedem Fall das Verteilungsproblem.

Die Landwirtschaft ist der mit Abstand größte Verbraucher von Wasser. Noch liegt das Problem weniger in der Menge, sondern in der räumlichen und zeitlichen Verteilung. Die größten Niederschlagsmengen fallen im Nordosten, und selbst dort besteht in der Trockenzeit Wassermangel. Das bereits in der Kolonialzeit angelegte System von Dämmen, Stauseen und Kanälen wurde seit der Unabhängigkeit ständig ausgebaut; es gibt grandiose Pläne, den Brahmaputra und Ganges im Norden zu verbinden und Wasser auf den Dekhan zu leiten. Das Projekt ist wegen seiner gewaltigen

Kosten und ökologischen Risiken umstritten. Schon jetzt kommt am Unterlauf der Flüsse immer weniger Wasser an, weil es unterwegs abgezweigt und auf die Felder geleitet wird, wo es zu einem großen Teil verdunstet oder versickert. Der großzügige Einsatz des Wassers wird von einer Agrarpolitik unterstützt, die den Wasserpreis künstlich niedrig hält. So willkommen dieses Maßnahme erscheinen mag, weil sie die Nahrungsproduktion verbilligt, so behindert sie doch die Einführung wassersparender Technologien und die Entscheidung über Produktionsstandorte nach den Wasseransprüchen der Pflanzen.

Der Einsatz von Pumpen zur Bewässerung und die Produktion von Mineraldünger begründen den hohen Energiebedarf der Landwirtschaft. Indien verfügt über fast unbegrenzte Kohlevorkommen, ihr Einsatz ist aber wegen der Umweltbelastung umstritten. Wasserkraft, Mineralöl und Erdgas stehen im Lande nur in begrenztem Umfang zu Verfügung. Indien hat im benachbarten Bhutan Wasserkraftwerke gebaut und bezieht elektrischen Strom von dort; weit größere Pläne bestehen für Nepal, doch sind diese wegen der politischen Schwierigkeiten im Nachbarland vorerst zurückgestellt worden. Erdgas könnte aus Bangladesch und Myanmar im Osten und aus Zentral- und Südwestasien bezogen werden. Derlei Vorhaben scheitern aber vorerst an den politischen Widerständen vor allem in Bangladesch, das den Export von eigenem Erdgas und sogar die Durchleitung von Gas aus Myanmar nicht zulässt, am Zwist mit Pakistan, an den Unruhen in Afghanistan und Pakistan und am Iran-Embargo der USA. China hat diese Schwierigkeiten nicht und baut zur Zeit eine Rohrleitung nach Myanmar; es bezieht bereits Gas aus Zentralasien.

Die eigentlichen Umweltprobleme liegen ebenfalls in der Landwirtschaft und betreffen vor allem die Böden und das Wasser: Die unsachgemäße Bewässerung riesiger Flächen seit mehr als einem Jahrhundert haben zur Versalzung und Versumpfung weiter Landstriche geführt. Der Grund liegt in den im Boden abgelagerten Salzen aus der Zeit, als große Teile Indiens noch vom Meer bedeckt waren. Vor allem bei Überstauungsbewässerung werden diese Salze durch einsickerndes Wasser gelöst und in Zeiten größter Hitze durch die Pflanzen an die Oberfläche befördert, wo sich die Salze ablagern. Sie können dort nur mit großen Mengen von Mitteln wie zum Beispiel Gips gebunden und mit ebenfalls großen Mengen von Wasser ausgespült werden. Beim Einsatz schwerer Maschinen kommt es zu einer Bodenverdichtung (Sodizität), die das Pflanzenwachstum behindert. Der Einsatz von Pumpen führt zu einer Absenkung des Grundwasserspiegels, der hohe Energiebedarf wurde angesprochen. Das Wasserproblem besteht ganz besonders in den Städten. Selbst dort, wo die Wassermengen pro Kopf eigentlich ausreichen sollten, führen mangelnde Pflege der Infrastruktur und die hohen Wasserverluste des Leitungssystems dazu, dass Wasser oft nur stundenweise, wenn überhaupt, fließt.

Die allgegenwärtigen Versorgungsprobleme haben dazu geführt, dass sich die Bürger ihre eigenen Lösungen suchen. Auch wenn sich so die individuellen Probleme lösen lassen, so führen die ungezählten Generatoren und Pumpen zur Elektrizitäts- und Wasserversorgung zu zusätzlichen gesamtwirtschaftlichen Kosten. Nachbarn graben sich im Wortsinne gegenseitig das Wasser ab. Auch wenn dies (noch) nicht zur offiziellen Politik erklärt wurde, so findet hier eine schleichende Privatisierung traditionell staatlicher Dienstleistungen statt.

Sozialer Wandel

Bereits im 19. Jahrhundert wurde die Existenz von „Zwei Indien" beklagt. Ging es damals um das unverbundene Nebeneinander eines modernen gegenüber einem traditionellen Indien, so geht es heute um die sozialen Gegensätze. Vor allem in den Städten fällt der Kontrast zwischen unvorstellbarem Reichtum und grauenhafter Armut in nächster Nähe auf. Dazwischen gibt es eine Mittelklasse, deren Ausmaß – wie geschildert – vom verwendeten Messkonzept abhängt. Die indische Statistik geht von einem absoluten, objektiven Standard aus, der sich am Kalorienbedarf des Menschen, differenziert nach dem Geschlecht (Männer und Frauen) und dem Wohnort (Stadt/Land) und an dem zu seiner Deckung erforderlichen Geldbetrag ausrichtet. Die Kritiker dieses Ansatzes bemängeln die Tatsache, dass der Warenkorb wenig repräsentativ sei, und die angelegten Preissteigerungsraten viel zu niedrig angesetzt seien. So erklärt sich die Tatsache, dass internationale Schätzungen der Armut viel höher liegen als die offizielle indische.

Im tertiären Sektor lässt sich der rapide soziale Wandel besonders gut beobachten: Indien ist zu einem führenden Anbieter von auf Informationstechnologie gestützten Dienstleistungen geworden. Neben der Entwicklung von Computerprogrammen und Telefondiensten (call services) gibt es höherwertige Beratungsdienstleistungen in verschiedenen Feldern wie Abrechnungswesen und Rechtsberatung, was im Englischen unter *Business*

Processing Outsourcing (BPO) zusammengefasst wird. Selbst das Erziehungswesen und der Journalismus bleiben von derartigen Auslagerungen nicht verschont: Amerikanische Kinder erhalten Nachhilfeunterricht aus Indien und amerikanische Zeitungen werden in Indien zusammengestellt.

Die Erfolge auf diesen Gebieten reichen aber nicht aus, um die weniger privilegierten sozialen Schichten zu erreichen. Hier bedient man sich in Indien einer positiven Diskriminierung, die den „rückständigen" (backward) und unterprivilegierten (under-priviledged) Gruppen Zugang zum Bildungswesen und zum öffentlichen Dienst gewähren soll. Die Angehörigen „gelisteter" Kasten (d.h. der „Unberührbaren") und „gelisteter" Stämme (*scheduled castes and tribes*) haben Anspruch auf Studien- und Arbeitsplätze entsprechend ihres Anteils an der Bevölkerung, vorausgesetzt sie erfüllen die fachlichen Mindestanforderungen. Diese Regelung ist besonders bei den Angehörigen der „Sonstigen Rückständigen Kasten/Klassen" (*Other Backward Classes* – OBC) umstritten, die beklagen, dass sie es vor allem sind, deren Chancen sich durch die Quoten und Reservierungen verringert hätten. Dies hat zur Einführung weiterer Quoten geführt, sodass zum Teil bis zu 70 % aller Studien-/Arbeitsplätze nach Maßgabe dieser Quoten vergeben werden. Es gibt zwar einen Gerichtsentscheid, dass wenigstens die Hälfte aller Studienplätze und Posten nach Leistung (merit) zu vergeben sind, und alle Quoten zusammen maximal 49,5 % betragen können, doch werden diese Werte nicht immer eingehalten. 1989 und 1990 kam es dazu, dass sich eine Reihe von Studenten aus Protest gegen die angekündigte Anhebung der Quoten entsprechend den Vorgaben der Mandal-Kommission öffentlich in Brand setzten. Zur Zeit werden vor allem eine Ausweitung des Quotensystems auf den privaten Sektor und die Einrichtung neuer Quoten und Unterquoten diskutiert. So umstritten die Reservierung auch sein mag, so hat Indien doch durchaus Erfolge vorzuweisen: Positionen bis hinauf zum Staatspräsidenten wurden von „Unberührbaren" besetzt. Uttar Pradesh, der bevölkerungsreichste Unionsstaat, wird von einer Frau als *Chief Minister* (Ministerpräsidentin) geführt.

Subsidiarität und Zivilgesellschaft

In Deutschland wird Subsidiarität meist im Sinne einer Verteilung staatlicher Aufgaben auf die Gebietskörperschaften, d.h. Bund, Länder und Gemeinden gesehen. In diesem Sinne findet in Indien vor allem eine Aufgabenverteilung zwischen der Zentrale und den Unionsstaaten statt, allerdings mit der Einschränkung, dass die Zentralregierung mit dem Instrument der *President's* oder *Governor's Rule* ein mächtiges Instrument in der Hand hält, sich unliebsamer Regierungen in den Unionsstaaten zu entledigen. Der Präsident kann nach Art. 356 der indischen Verfassung die Regierung eines Unionsstaates entlassen und das Parlament des Staates auflösen. Die Zentralregierung kann Regierungen eines Unionsstaates auch durch finanzielle Zuwendungen belohnen, sodass erhebliche Einwirkungsmöglichkeiten der Zentrale auf die Unionsstaaten bestehen. Die unterste Ebene der Städte und Gemeinden ist dagegen schwach und weitgehend von Finanzzuweisungen der Regierungen der Unionsstaaten abhängig. Subsidiarität kann aber auch so verstanden werden, dass die einzelnen ethnischen Gruppen und Religionsgemeinschaften ihre sozialen Dienste selbst organisieren. Angesichts der Tatsache, dass Indien kein einheitliches Zivilrecht hat, ist die Gesellschaft stärker segmentiert.

Wo steht Indien heute?

41,6 v. H. der indischen Bevölkerung hatte 2004/05 weniger als 1,25 US-Dollar am Tag (Kaufkraft) zum Leben und gilt nach diesem internationalem Maßstab als arm (vgl. The World Bank Annual Report 2010, 16). Indien hatte im Jahr 2005 mehr Arme als in Afrika (eigene Zusammenstellung auf der Basis der Weltbank-Daten, W.-P.Z.). Der indischen Planungskommission zufolge gelten (2004/05) 28,3 v. H. der ländlichen und 25,7 v. H. der städtischen Bevölkerung als arm (Ghosh 2010, 16). Angesichts des weitgehenden Fehlens einer umfassenden sozialen Absicherung verwundert es kaum, dass die Arbeitslosigkeit nach offiziellen Angaben unter der der Industrieländer liegt: Bei den verschiedenen verwendeten Konzepten liegt die Arbeitslosigkeit auf dem Lande bei 1,7 % bis 8,2 % und in der Stadt bei 4,5 % bis 8,3 % (Economic Survey 2009/10, 275). Dafür leidet das Land unter der verbreiteten Unterbeschäftigung und versteckten Arbeitslosigkeit: 395 Millionen der 457,5 Millionen Beschäftigten, d.h. 86 % arbeiten im informellen Sektor (Economic Survey 2008/09, 266).

Noch immer ist das Analphabetentum verbreitet, noch gehen nicht alle Kinder zur Schule. Kinderarbeit und Schuldknechtschaft (*bonded labour*) bestehen nach wie vor.

Der demographische Wandel zeigt sich in den rückläufigen Geburtenraten. Noch immer steigt die Zahl der indischen Bevölkerung um 18 Millionen in jedem Jahr (bei 1,2 Milliarden Einwohnern und einer Wachstumsrate von 1,5 % im Jahr). Die Dependenzrate, d.h. die Zahl der abhängigen Kinder und Alten gemessen an der Zahl der Bevölkerung im erwerbstätigen Alter, nimmt ab; die dadurch frei werdenden Ressourcen können für den Ausbau des nationalen Kapitalstocks in Form von Anlagen- und Humankapital fließen. Wie zuvor in den wachstumsstarken Volkswirtschaften in Ost- und Südostasien liegt eine wichtige Erklärung des Wirtschaftswunders im demographischen Wandel.

Dass das natürliche Bevölkerungswachstum in den Städten geringer ist als auf dem Lande, wird durch die rege Landflucht überkompensiert. In diesem Sinne lässt sich sagen, dass die ungelösten sozialen Probleme auf dem Lande in den Städten gelöst werden müssen.

Strukturwandel

Der sektorale Strukturwandel folgt dem Wechsel in der Dominanz des primären Sektors (Landwirtschaft), gefolgt vom sekundären Sektor (Industrie) und tertiären Sektor (Dienstleistungen) nur bedingt. Dieses Muster zeigt sich normalerweise zuerst bei der Wertschöpfung und erst mit Phasenverzögerung bei der Beschäftigung. Ein Vergleich über das ganze 20. Jahrhundert zeigt, dass der Anteil des primären Sektors auch in Indien stetig zurückgegangen ist. Allerdings ist bereits in der Ausgangssituation zu Beginn des Jahrhunderts der Anteil des tertiären Sektors deutlich höher als der des sekundären Sektors; der tertiäre Sektor löst in Indien den primären Sektor als führender Sektor ab, während der sekundäre Sektor diese Stellung nie erreicht und seine Anteile auf bereits geringerem Niveau wieder zurückgehen. Bei der Beschäftigung bleiben die Verhältnisse fast ein Jahrhundert konstant bei ganz erheblichen Schwankungen (vgl. Zingel 2004). Aus diesem Muster ließe sich ableiten, dass Indien die Industrialisierungsphase überspringt oder sogar schon übersprungen hat und sich zu einer postindustriellen Dienstleistungsgesellschaft wandelt – ganz im Gegensatz zu China, das kein Kastensystem und entsprechende vorindustrielle Arbeitsteilung kennt. Als Erbe des Sozialismus hat China einen weit schwächeren Dienstleistungssektor. In der öffentlichen Wahrnehmung ergibt sich so der Gegensatz China als Fabrikhalle und Indien als Büro der Welt.

Ein Beispiel für Indiens Strukturwandel innerhalb des Dienstleistungsbereichs wäre der Einzelhandel: Es gibt in Indien 12 bis 15 Millionen Einzelhändler; vom Einzelhandel dürften wenigstens 60 Millionen Menschen abhängen. Im internationalen Vergleich fällt in Indien der hohe Anteil des Handels an der nationalen Wertschöpfung auf. Einkaufszentren, Selbstbedienungsgeschäfte und Einzelhandelsketten sind in Indien als „organisierter" Handel bekannt; er hat einen Anteil von etwa 5 % am gesamten Handel. Angesichts gestiegener Massenkaufkraft und erhöhter Mobilität ist ein Anwachsen des organisierten Handels mit den üblichen Folgen in Form von attraktiven Verbrauchspreisen und einem größeren Warenangebot, einem Zurückdrängen des Zwischenhandels und einem Rückzug des Einzelhandels aus der Fläche und der Freisetzung von Arbeitskräften gekennzeichnet. An die Stelle von Millionen von kleinen und kleinsten Familienbetrieben werden große Handelsunternehmen mit einer kleinen Zahl von Festangestellten und einer größeren Zahl von Hilfskräften treten.

Die auf Informationstechnologie gestützten Dienstleistungen haben einen phänomenalen Aufschwung genommen und Indien zu einem international führenden Dienstleistungsexporteur gemacht. Die Zahl der Mobiltelefone nahm zeitweise um 15 bis 20 Millionen im Monat zu, mehr als in irgendeinem anderen Land der Welt. Inzwischen übersteigt die Zahl der Mobiltelefone mit 660 Millionen die der Festnetzanschlüsse (40 Millionen) bei weitem. Die Erlöse aus dem Export von Dienstleistungen liegen bei über 50 Milliarden US-Dollar im Jahr und erlaubt Indien ein gewaltiges Defizit im Warenhandel. Der Beschäftigungseffekt ist allerdings weit geringer. Die Zahl der Arbeitsplätze im IT-Bereich dürfte einschließlich der technisch wenig anspruchsvollen Callcenter-Firmen bei wenig über 2 Millionen liegen; einschließlich aller indirekt Beschäftigten sind es nach Angaben des indischen Softwarehersteller-Verbandes NASSCOM in der Größenordnung von 7 bis 8 Millionen – das sind weniger als jedes Jahr an zusätzlichen Arbeitsplätzen benötigt werden, um die wachsende Erwerbsbevölkerung zu beschäftigen.

Die sozialen und kulturellen Effekte der modernen Informationstechnologie können gar nicht überschätzt werden. Gerade weil die Straßen, soweit vorhanden, oft schlecht sind und das Reisen – zumal auf dem Lande – mühselig und zeitaufwendig ist, bedeutet der erleichterte Zugang zu Informationen durch Satelliten-Fernsehen und Telefon eine erhebliche Verbesserung. Dies gilt ganz besonders für die Frauen, die oft an das Haus gebunden sind und jetzt erstmalig die Möglichkeit eines selbständigen einfachen Informationserwerbs haben.

Bei einem anhaltenden Wirtschaftswachstum werden sich diejenigen, die sich heute ein Mobiltelefon leisten können, bald auch teurere langlebige Konsumgüter, wie etwa einen Kühlschrank, einen Flachbildfernseher oder ein Auto leisten können. Interessant ist in diesem Zusammenhang, dass der Nano, das billigste Auto der Welt, Absatzschwierigkeiten hat – offensichtlich, weil die potentiellen Käufer eher länger warten, um sich ein größeres Auto zu kaufen, als dass sie das kleinste und billigste nehmen.

Das wird auch Auswirkungen auf das symbiotische Zusammenleben von Arm und Reich haben. Dass sich Elendsbehausungen oft in nächster Nähe zu den feinsten Wohnadressen befinden, lässt sich nämlich damit erklären, dass sich nur so die Lebenshaltungskosten der Ärmsten soweit absenken lassen, dass sich nicht nur die Ober-, sondern auch die Mittelschicht Hausbedienstete und andere Dienstleistungen (etwa den Transport der Kinder per Fahrradriksha) leisten können, die teurer wären, wenn die Beschäftigten Zeit und Geld für den Transport zu Wohnquartieren am Stadtrand aufwenden müssten.

Wirtschafts- und Sozialpolitik

Solange um die Unabhängigkeit gerungen wurde, war kaum Zeit, um die künftige Wirtschaftspolitik zu formulieren. Nach der Unabhängigkeit 1947 waren die divergierenden Interessen aller „stakeholder" zu beachten. Die Politik schwankte zwischen dem Versuch, wirtschafts- und sozialpolitische Utopien umzusetzen und permanentem Krisenmanagement (*ad-hocism*). Seit den 1980er Jahren wird die Wirtschafts- und Sozialpolitik immer mehr von Pragmatismus geleitet.

Die neue urbane Konsumgesellschaft stellt Anforderungen an Infrastruktur, die kaum noch erfüllt werden können. Dies gilt nicht nur für die Wasser- und Energieversorgung, sondern ganz besonders für den Straßenverkehr, der in den großen Städten zuweilen nur noch Schritttempo zulässt. Während sich Kolkota seine Straßenbahn und Mumbai seine Vorortbahn (Suburban Railway) erhalten haben, hat New Delhi erst in den letzten Jahren eine U- und Hochbahn bekommen; im Zuge der Vorbereitungen der *Commonwealth Games* wurden binnen weniger Jahre rund 200 km Metro gebaut, die die Stadt vor dem völligen Verkehrsinfarkt gerettet haben. Hier hat sich bewiesen, dass sich Individual- und öffentlicher Nahverkehr nicht ausschließen: Während in den Außenbezirken der Individualverkehr weiter zunimmt, sind Bahn und Bus (auf eigenen Fahrspuren) einfach schneller; zudem fehlen Parkplätze.

Die meisten Infrastrukturunternehmen sind in Indien in staatlicher Hand. Dies macht durchaus Sinn, soweit es sich um sog. natürliche Monopole handelt, also um Unternehmen mit hohen Fixkosten, deren Durchschnittskosten mit der Ausbringungsmenge sinken und die niedrigere (kostendeckende) Preise anbieten können, sodass der Markt von einem Anbieter günstiger versorgt werden kann als durch mehrere. Eine Monopolstellung birgt aber die Gefahr einer Unterversorgung des Marktes zu überhöhten Preisen, wenn private Unternehmen ihren Monopolgewinn realisieren oder wenn öffentliche Unternehmen ineffizient und überteuert produzieren (Korruption, Nepotismus). Ökonomen sprechen hier von Markt- und Staatsversagen. Der Staat als Unternehmer sieht sich auch versucht, aus politischer Opportunität Preise unterhalb der langfristigen Kosten festzusetzen. Es fehlt dann an Mitteln, um Erweiterungs- und/oder Ersatzinvestitionen finanzieren zu können, Wartung und Reparaturen leiden; im Extremfall decken die Gebühren noch nicht einmal die variablen Kosten: Während die niedrigen Preise die Nachfrage stimulieren, lassen sich die Verluste nur durch eine Begrenzung der Ausbringungsmenge in gerade noch erträglichen Grenzen halten.

Unternehmen und Haushalte schützen sich vor Wasser-und Strommangel durch die Errichtung einer eigenen Infrastruktur; wir finden solche Insellösungen im Bereich der Industrie, des Hotelgewerbes und im Wohnungsbau (Wohnparks, *gated communities*).

Zu Zeiten überbordender Regulierungen hat man auch in Indien Exportförderungszonen (*export processing zones*, EPZ) gegründet: Sie zählen nach Hunderten, sind aber in der Regel klein und reichen in keiner Weise an die chinesischen Sonderwirtschaftszonen heran.

Welche Stärken kann der „schwache Staat" Indien im Sinne Gunnar Myrdals *soft state*, der sich mehr aufbürdet, als er zu leisten vermag, vorweisen? Da wäre zuerst einmal die demokratische Tradition, die dem Land die politische Eigenständigkeit und den inneren Zusammenhalt bewahrt hat. Dazu kommen eine unabhängige Justiz und eine unabhängige und engagierte Presse. Das System hat sich in Krisen bewährt. Abgesehen von den zwei Jahren des Nationalen Notstands wurde Indien demokratisch legitimiert regiert. Als eine der wenigen Ausnahmen unter den Staaten der vormaligen Dritten Welt wurde Indien nie vom Militär beherrscht. Im Gegensatz zu den Nachbarn China und Pakistan kontrolliert eine demokratisch legitimierte Regierung seine Armee und seine Nuklearwaffen.

Die großen Parteien stimmen in der Wirtschaftspolitik im Großen und Ganzen überein. Indien hat seit 1977 mehrfach nach Wahlen einen Regierungswechsel erfahren, ohne dass es dabei zu einem wirtschaftspolitischen Richtungswechsel gekommen wäre. Die Entscheidung für eine Öffnung des indischen Marktes und eine stärkere Liberalisierung der Wirtschaftspolitik 1991 geschah unter dem Eindruck veränderter außenwirtschaftlicher Bedingungen; nach 20 Jahren Liberalisierung gehört die Wirtschaft Indiens heute immer noch zu den stärker regulierten; so blieb Indien von der Asienkrise 1997, dem Zusammenbruch der Dot-Com-Unternehmen 2001 und der Weltwirtschaftskrise seit 2007 weitgehend verschont. Dabei hilft auch der große Binnenmarkt von über 1,2 Milliarden Menschen.

Indiens 29 Staaten erfreuen sich weitgehender Selbständigkeit und stehen in einem ständigen Wettbewerb. Dadurch unterscheidet sich Indien von seinen Nachbarn Pakistan und Myanmar, die ihrer Verfassung nach ebenfalls eine föderative Ordnung haben, in ihrer Geschichte aber immer wieder zentral vom Militär regiert wurden. Die Entscheidung, die Vorgabe der Verfassung, Hindi als Nationalsprache zu etablieren (Art. 343), vorerst auszusetzen, und die Einführung der Drei-Sprachen-Formel an den Oberschulen haben das Sprachen-Problem entschärft und Autonomiebewegungen in Südindien die Grundlage entzogen; als Resultat ist Englisch heute als Amts-, Bildungs- und Geschäftssprache weiter verbreitet als zur Kolonialzeit.

Wieviel Staat?

Es stellt sich die Frage, wieviel Staat Indien braucht, und ebenso, was für einen Staat. Der Glaube in die Selbstregulierung des Marktes wurde überall auf der Welt durch den Börsenkrach von 1929 und die folgende Wirtschaftskrise jäh erschüttert. Indien als Exporteur von landwirtschaftlichen Rohstoffen war ganz besonders betroffen. Anders als in den USA gab es hier keinen *New Deal*. Als britische Besitzung wurde Indien in den Zweiten Weltkrieg gezogen. Die immer umfassendere Regulierung der indischen Wirtschaft diente der Sicherstellung kriegswichtiger Produktion, wie Waffen und Ausrüstung der Truppen, aber auch deren Versorgung. Das hatte in Bengalen die furchtbarsten Auswirkungen, als nach der japanischen Besetzung Birmas die Getreidelieferungen ausblieben, die vor allem die Küstenstädte versorgt hatten. Eine Politik der verbrannten Erde sollte einen Vormarsch der Japaner behindern, erschwerte aber die Versorgung des ländlichen Bengalens, während die Industriearbeiter Kalkuttas bevorzugt beliefert wurden. *Die Große Bengalische Hungersnot von 1943* zeigte die Unfähigkeit, wenn nicht sogar die Böswilligkeit einer Kolonialregierung (vgl. Mukherjee 2007), die den Bedürfnissen der indischen Bevölkerung keine Rechnung trug. Die Gräuel anlässlich der Teilung Indiens werden von vielen noch heute als letzte infame Handlung im Sinne eines *divide et impera!* gesehen.

Während im „Mutterland" die Labour Regierung, die nach Kriegsende an die Macht kam, die Aufgabe des Staates in erster Linie im sozialen Bereich sah, ging es in Indien erst einmal um die Kontrolle der Wirtschaft. Nachdem Winston Churchill zur allgemeinen Überraschung 1945 die Wahlen zum Unterhaus verloren hatte, „entließ" die neue Regierung unter dem Labour-Politiker Clement Attlee Indien in die Unabhängigkeit und verfolgte im „Mutterland" konsequent die Schaffung eines Sozialstaates, der besonders durch seinen staatlichen Gesundheitsdienst bekannt wurde.

Seit den 1980er Jahren befindet sich der Staat fast überall auf dem Rückzug. In den USA hatte Präsident Kennedy noch angemahnt, der Bürger solle nicht fragen, was der Staat für ihn tun könne, sondern was jeder Einzelne für den Staat tun könne. John Kenneth Galbraith, Professor der Ökonomie an der Harvard Universität und Botschafter der USA in Indien von 1961 bis 1963, prangerte den privaten Reichtum und die öffentliche Armut an. Dennoch trennten sich die wirtschaftspolitischen Vorstellungen der USA und Indiens voneinander. Der Vietnam-Krieg stellte für die USA eine wachsende wirtschaftliche Belastung dar, die eine Verwirklichung einer *Great Society,* die Galbraith für Kennedys Nachfolger Lyndon B. Johnson mit entworfen hatte, unmöglich machte. Die Ölschocks von 1973 und 1979/80 bedeuteten höhere Energiepreise, die zunehmende Staatsverschuldung trieb die Zinsen in den USA hoch. Nachdem Präsident Nixon den Vietnam-Krieg beendet hatte, fiel seinen Nachfolgern Ford und Carter die unpopuläre Aufgabe der Konsolidierung der Staatsfinanzen zu, die zum überwältigen Wahlsieg Ronald Reagans führte und die Zeit der wirtschaftlichen Liberalisierung einleitete. Fast zeitgleich mit den USA erlebte Großbritannien einen Kurswechsel; Margret Thatcher setzte sich gegen die Gewerkschaften durch; der überfällige Strukturwandel fand verspätet, dafür umso gründlicher statt. Indien war von einem solchen Marktradikalismus weit entfernt; kurz nachdem es mit seiner Liberalisierung zögerlich begonnen hatte, zeichnete sich der Zusammenbruch der Wirtschaft in den Transformationsländern ab, gefolgt von der Asien-Krise und weiteren Krisen.

Für Nehru war es lange vor der Unabhängigkeit klar gewesen, dass dem Staat eine wichtige Rolle als Initiator, Innovator und Investor zukam, wenn das Land wirklich selbständig sein wollte. Der Staat musste die Kommandohöhen der Wirtschaft besetzen, die wichtigsten Wirtschaftsbereiche in eigene Regie übernehmen, die Heimindustrie schützen und insgesamt die Wirtschaft kontrollieren. Unternehmen in strategisch wichtigen Bereichen wurden – soweit in ausländischem oder Staatsbesitz – zwar nicht verstaatlicht, aber in ihrer Expansion gehindert. Diese Politik wurde unter seiner Tochter fortgeführt, weniger aus ideologischen Gründen, sondern aus der inneren Zwangsläufigkeit heraus und als Mittel der staatlichen Kontrolle und Macht. Witterungsbedingte Missernten und die zunehmende militärische Konfrontation mit den Nachbarn Pakistan und China führten zu einer weiteren Ausweitung der Staatsaktivitäten.

Die Bewertung der Erfolge im Bildungs- und Gesundheitswesen könnten zwiespältiger nicht sein: Der allgemeine Bildungsstand ist ohne Zweifel gestiegen, und Indien hat auf manchem Gebiet internationale Spitzenstellungen inne, aber noch längst können nicht alle Inder lesen und schreiben. Indische Ärzte genießen einen exzellenten Ruf; es hat sich ein wahrer Medizin-Tourismus entwickelt, vor allem aus Ländern, die keine umfassende Gesundheitsversorgung kennen und deren Bürger nach Indien kommen, weil hier die Behandlungskosten niedriger sind als etwa in den USA oder Europa. Von diesen Erfolgen profitiert aber in Indien nur ein Teil der Bevölkerung; von einer allgemeinen Sozialfürsorge ist das Land noch weit entfernt.

Der gegenwärtige Boom kann als Herausforderung und Chance verstanden werden. Da der Boom nicht alle Inder erreichte, verfing der Slogan *Shining India* nicht; die regierende BJP verlor deshalb die Parlamentswahlen des Jahres 2004.

Die Weltwirtschaftskrise der Jahre seit 2007 hat Indien kaum berührt. Die Bevölkerung ist aber keineswegs bereit, auf Dauer die ungelösten sozialen Probleme und die sich verschärfenden regionalen und religiösen Konflikte hinzunehmen. Davon zeugt schon die Tatsache, dass Naxaliten und Maoisten bereits in jedem dritten indischen Distrikt, vor allem im Landesinneren, gewalttätig aktiv sind.

Auf der Erfolgsseite ist der zunehmende Optimismus zu nennen. Immer mehr Inder sehen ihre Chancen im eigenen Lande. Die früher als „brain drain" beklagte Abwanderung von Spitzenkräften wird heute nicht mehr als bedrohlich gesehen. Ganz im Gegenteil: Hat sich doch gezeigt, dass die

Erfolge der Inder im Ausland auf ihr Land zurückstrahlen. Ohne die vielen Studenten und Wissenschaftler, die einst in die USA gingen und dort ganz erheblich zur Computer-Revolution im Silicon Valley beigetragen haben, wäre das indische Software-Wunder nicht möglich gewesen.

Literatur

GHOSH, JAYATI: Poverty reduction in China and India. Policy implications of recent trends. In: DESA Working Paper 92. United Nations, Department of Economic and Social Affairs, New York 2010.

MADDISON, ANGUS: The world economy. Vol. 1: A millenial perspective. Vol. 2: Historical statistics. OECD, Paris 2006.

MUKHERJEE, MADHUSHREE: Winston Churchill and the Great Bengal Famine. New York, Basir Book 2007.

National Commission of Applied Economic Research: The great indian market. Results from the NCAER's market information survey of households in association with Business Standard. NCAER, New Delhi 2005 [http://www.ncaer.org/downloads/PPT/TheGreatIndianMarket.pdf].

PATNAIK, UTSA: Unbequeme Wahrheiten. Hunger und Armut in Indien. Draupadi Verlag, Heidelberg 2009.

ROTHERMUND, DIETMAR: India. The rise of an Asian giant. Yale University Press, New Haven-London 2008.

The World Bank Annual Report 2010 [http://siteresources.worldbank.org/EXTANNREP2010/Resources/WorldBank-AnnualReport2010.pdf].

ZINGEL, WOLFGANG-PETER: Food security in South Asia. In: Eckart Ehlers, Thomas Krafft (eds.): Earth system science in the anthroposcene: Emerging issues and problems. Springer, Heidelberg 2006, 229–46.

Ders.: Indien auf dem Weg zur postindustriellen Gesellschaft. Infrastruktur, Dienstleistungen und Deregulierung. In: Indien 2004. Politik-Wirtschaft-Gesellschaft, hgg. v. Werner Draguhn, Institut für Asienkunde, Hamburg 2004, 319–38.

Ders.: Indien zwischen wirtschaftlichem Aufstieg und sozialen Herausforderungen. In: Entwicklungsland, Schwellenland, Global Player. Indiens Weg in die Verantwortung, hgg. v. Erich G. Fritz. Athena Verlag, Oberhausen 2010, 93–118.

PEIQI HAN

Das Frauenbild im chinesischen Kino (1949–2009)

Die chinesische Filmgeschichte ist fast so lang wie die Geschichte des Weltkinos. Nach der Geburt der Kinematographie in Europa wurde sie gleich Ende des 19. Jahrhunderts nach China exportiert. Dort wurde 1896 in Shanghai der erste ausländische Film aufgeführt. 17 Jahre später, also erst im Jahr 1913, wurde der erste chinesische Spielfilm gezeigt, in dem die Frauenrolle tatsächlich von einer Frau gespielt wurde. Vorher wurden die Frauenfiguren im chinesischen Spielfilm ausschließlich von Männern gespielt, denn es waren filmische Aufnahmen von Pekingopern, bei denen traditionell nur Männer auf der Bühne standen. Während dieser etwa einhundertjährigen Geschichte hat sich das Frauenbild auf der Leinwand aufgrund der politischen, ökonomischen, kulturellen und künstlerischen Einflüsse in China stark gewandelt. Es war aber zu jedem Zeitpunkt von dem der europäischen und amerikanischen Filmgeschichte bzw. Genderforschung verschieden. Im Folgenden werden die Frauenbilder im chinesischen Kino seit 1949 im Überblick dargestellt, um sich dann schwerpunktmäßig den gegenwärtigen Filmen des chinesischen *Urbanen Realismus* zuzuwenden.

Die Jahre 1949 bis 1976

Das Jahr 1949 als eine wichtige Zäsur der chinesischen Filmgeschichte ist nicht willkürlich gesetzt. In diesem Jahr hatte nicht nur das politische Ereignis der Gründung der Volksrepublik China stattgefunden, sondern auch ein Umbruch im künstlerischen, literarischen und kulturellen Bereich. Unter Leitung der Kommunistischen Partei Chinas hatten scheinbar die Frauen von der Gründung der Volksrepublik bis zum Ende der Kulturrevolution die gleichen Rechte wie die Männer. Eine Parole, die ursprünglich ein Ausspruch Mao Zedongs war und noch bis Anfang der 1990er Jahre propagiert wurde, lautete: Frauen tragen den halben Himmel. Allerdings beschränkten sich die Emanzipation der Frauen und ihre Gleichberechtigung mit den Männern in dieser Zeit auf die politische und juristische Ebene, weil diese Gleichberechtigung vollkommen auf der Nichtberücksichtigung der Differenz der Geschlechter basierte. Das heißt, die Frauen wurden von der sozialistischen Revolution aus der Familie in das Gesellschaftsleben geholt, damit sie dort ihren politischen Verpflichtungen nachkommen konnten. Ihre biologische und soziale Differenz zu den Männern fand jedoch keine Beachtung. Insofern ist es kein Wunder, dass in dieser Zeit die weiblichen Merkmale der Frauenrollen ausgeblendet wurden. Auf den Leinwänden dieser Zeit traten Frauen entweder als von der Kommunistischen Partei befreite, „neue" und glückliche Menschen auf oder als mutige Soldatinnen, die fest von der Partei und deren gesellschaftlichem Entwurf überzeugt waren und auch dafür kämpften. Von didaktischer Bedeutung waren jene Frauenrollen, die anfangs als unbedarfte Mädchen auf dem Land lebten und sich schließlich selbstbewusst und aktiv für den Weg zur kommunistischen Soldatin entschieden.

Ein gutes Beispiel dafür ist die Xi'er im Film *Das weißhaarige Mädchen* (Bai Mao Nü). Die weiblichen Figuren, meist Mädchen oder junge Frauen, trugen keine attraktive Kleidung und kümmerten sich nur um ihre Verpflichtungen. Die Grundlage für eine feste Liebesbeziehung zwischen Mann und Frau war die Freundschaft zwischen einem Genossen und einer Genossin. Körperkontakte zwischen den Geschlechtern blieben ausgeblendet. Die Männer und Frauen, die ein und derselben Klasse angehörten, verhielten sich untereinander wie gute Geschwister. Das glückliche Ende dieser Frauen im Film war dadurch gekennzeichnet, dass sie sich schließlich politisch orientierten und fleißig für den Staat und die Partei arbeiteten und kämpften. So verhielt es sich auch mit den Frauen im Film *Die rote Laterne* (Hong Deng Ji), der in der Zeit der Kulturrevolution als Modellfilm bezeichnet wurde. Jegliche Spur des Individualismus wurde als Egoismus kategorisiert. Das Geschlechterverhältnis zwischen Männern und Frauen erschien im Film als politischer Diskurs der Befreiung des Volkes durch die Partei. In der Kulturrevolution wurde der Verlust der Weiblichkeit ins Extrem getrieben. Außerdem wurden in dieser Zeit sehr wenige Filme produziert, weil zahlreiche Künstler verfolgt wurden und Infrastruktur zur Filmproduktion auch nicht mehr existierte.

Die Vierte Generation des chinesischen Filmemachers

Erst nach Ende der Kulturrevolution fanden die Frauenfiguren auf der Leinwand allmählich ihre Weiblichkeit und Identität. Seit Ende der 1970er Jahre begann bei einer Gruppe von Filmemachern eine Rückbesinnung auf traditionelle Werte und auf die eigene Geschichte. Diese Gruppe wird als die *Vierte Generation* der chinesischen Filmgeschichte bezeichnet. Ihre Mitglieder hatten die Kulturrevolution noch selbst miterlebt. Ihre Filme sind oft Melodramen, die das tragische Schicksal des Einzelnen inmitten von Revolution und Gewalt thematisieren. Frauen erscheinen hier als Opfer historisch-politischer Irrtümer. Oft zu sehen waren Mütter und Ehefrauen, wie sie litten und sich aufopferten für ihre Familien und Ehemänner, so z.B. die Protagonistin Hu Yuyin im Film *Hibiscus Town* (Fu Rong Zhen) von Xie Jin. Die Anwesenheit der Frauen im Film diente in erster Linie zur Imagination des Filmkünstlers, Probleme der nationalen Geschichte darzustellen.

Die Fünfte Generation des chinesischen Filmemachers

Von großer Bedeutung für die Frauenbilder im Kino ist die *Fünfte Generation*. Sie begann mit ihren Filmen in den 1980er Jahren und brachte schließlich die chinesischen Frauen auf die internationale Kinoleinwand. Wichtige Vertreter sind z.B. Zhang Yimou, der 2008 die olympische Eröffnungszeremonie entworfen hatte und Chen Kaige und Tian Zhuangzhuang. Anders als ihre Vorgänger wichen die Filmemacher der *Fünften Generation* der Weiblichkeit und Sexualität nicht mehr aus. In ihren Filmen widersetzen sich die Frauen den ethischen, sexuellen und patriarchalischen Formen der Unterdrückung. Die Filmemacher beschränkten sich nicht mehr auf die Mutterfigur, die sich immer um die anderen kümmerte. Nun traten junge Frauen auf, die – trotz Schwierigkeiten und Repressionen – ihre körperlichen und geistigen Bedürfnisse versuchten auszuleben. Diese Frauen symbolisierten sehr stark Liebe, Freiheit und Menschennatur. Gerade dadurch wurde ihre Identität deutlich stärker ausgedrückt als die ihrer Vorgängerinnen. All dies hatte auch mit der gesellschaftlichen und kulturellen Atmosphäre der 1980er Jahre zu tun. Diese Jahre zählen zu der ersten „freien" Zeiten für Kunst nach der Gründung der Volksrepublik China. Die vorher herrschenden marxistischen und maoistischen Gedanken lockerten sich langsam, während westliche Konsum- und Kulturgüter in China eindrangen. Die Intellektuellen riefen die Bevölkerung auf, bezüglich der eigenen Kultur umzudenken und sich von den herkömmlichen Gedanken zu befreien. Nun entstanden neue Strömungen in der Literatur, im Film und in anderen Bereichen der Kunst. Diese Emanzipationsprozesse erreichten ihren Höhepunkt in der Studentenbewegung im Jahr 1989 auf dem Platz des Himmlischen Friedens in Beijing. Nach Beendigung dieser Bewegung wurde die Kulturproduktion wieder stärker staatlich reglementiert.

Die Filme des Urbanen Realismus

Gerade vor diesem Hintergrund begannen die Filmemacher des *Urbanen Realismus* ihre künstlerische Karriere. Sie wurden zumeist in den 1960er Jahren geboren und drängten seit den frühen 1990er Jahren auf den Markt. Wichtige Vertreter sind z. B. Jia Zhangke, Wang Xiaoshuai, Lou Ye und Li Yu. Diese neue Generation hat einen ganz eigenen Wirklichkeitsbezug, wenn sie Menschen im Alltag darstellt. Mit dem *Urbanen Realismus* entstand so eine besondere realistische Filmströmung, die sich vom kommerziellen Kino abgrenzte. In den Filmen kommen gesellschaftliche Underdogs, wie Diebe und Prostituierte, vor. Junge Menschen erzählen ihre individuellen Geschichten und Erfahrungen beim Erwachsenwerden. Die Stadt dient dabei nicht nur als Handlungsort und Kulisse. Das städtische Leben selbst ist gleichsam ein Akteur, denn in der Stadt treffen die verschiedensten Menschen und sozialen Gruppen aufeinander. Diese junge Generation konnte schon am Anfang ihres Berufslebens die weltweite Aufmerksamkeit auf sich ziehen. Ihre Werke wurden in zahlreichen internationalen Filmfestivals mit Preisen ausgezeichnet. So erhielt der Film *Still Life* (San Xia Hao Ren) von Jia Zhangke 2006 den „Goldenen Löwen" in Venedig. Das Drehbuch von *In Love We Trust* (Zuo You) von Wang Xiaoshuai wurde 2008 auf der Berlinale mit dem „Silbernen Bären" ausgezeichnet.

Die Globalisierung und Modernisierung dienen als der gesellschaftliche Hintergrund für die Filme des „Urbanen Realismus". Seit den 1990er Jahren steigt die Zahl der Stadtbewohner stark an, dehnen sich die Städte flächenmäßig immer mehr aus. Diese urbane Revolution führte zu zahlreichen sozialen Problemen, die sich gerade im Film des „Urbanen Realismus" widerspiegeln. Diese Filme schildern die alltäglichen Lebenserfahrungen des Individuums vor dem Hintergrund des sich im Umbruch befindenden Großstadtlebens. Die Filme des *Urbanen Realismus* in seiner Frühphase, nämlich in den 1990er Jahren, wurden meistens ohne Zustimmung der zuständigen staatlichen Behörde gedreht. Die Gründe waren das umständliche und zeitlich ausgedehnte staatliche Zustimmungsverfahren. Es kam auch häufig vor, dass sich Filmproduzent und staatliche Behörde über das Drehbuch nicht einigen konnten.

Im Folgenden sollen auf der narrativen und visuellen Ebene verschiedene Aspekte der Frauenbilder im *Urbanen Realismus* analysiert werden. In den Filmen der 1990er Jahre waren die Frauenfiguren mit den traditionellen Tugenden zwar noch oft zu sehen, aber sie spielten meistens keine Hauptrolle mehr. Diese Frauen, die sich ihrem Ehemann und Sohn widmeten und immer innerhalb der Familie handelten, besaßen oft kein Eigenleben. Sie symbolisierten die Familie schlechthin. Ihre Kontakte mit der Außenwelt wurden im Film oft weggelassen oder zumindest abgeschwächt. Diese Frauen hatten keine Erwerbsarbeit und wenn doch, dann zeigte uns der Film die Arbeitssituation nicht. Aber es sei nochmals unterstrichen, dass diese „konventionellen" Frauenfiguren nicht mehr im Vordergrund des Films standen. Manche Filme zeigten die Schicksale marginalisierter Frauen, die als Prostituierte oder Sängerinnen in kleinen Kneipen arbeiteten und hilflos der patriarchalischen Unterdrückung ausgeliefert waren. Die Liebesbeziehungen zwischen Männern und Frauen wurden als bedeutungslos und oberflächlich gezeigt. Die Freundschaft unter Männern wurde dagegen von den männlichen Regisseuren als vertrauenswürdig geschildert.

Aber die Männerfiguren waren in den Filmwerken des *Urbanen Realismus* keine Helden mehr. Die Männer waren kleine Bürger, manche von ihnen waren der Gesellschaft ohnmächtig ausgeliefert. Die Frauen waren von diesen Männern nicht mehr abhängig. Im Gegenteil: Ob als Mutter, ältere Schwester oder Schwägerin, die Frauen spielten oft eine „mütterliche" Rolle und trösteten die Männer, wenn diese eine Lebenskrise durchlitten.

Wie zuvor erwähnt, waren die 1990er Jahre für die chinesische Gesellschaft eine Zeit der weiteren neuen Suche. Nach der Studentenbewegung auf dem Platz des Himmlischen Friedens und der Auflösung der Sowjetunion 1991 war das politische Wertesystem aus Maos Zeiten schließlich überholt. Viele Leute gerieten in die Orientierungslosigkeit mit ihrem eigenen Leben und waren auch im Zweifel, in welche Richtung die chinesische Politik und Gesellschaft gehen würden. In den Filmen des *Urbanen Realismus* findet man oft junge Frauen, die sich der Zukunft nicht sicher sind und in deprimierenden Umständen leben. Sie freuen sich zwar auf Liebe, aber sie halten sich zurück, wenn die Liebe dann vor ihnen steht. Oder sie geraten in den Widerspruch zwischen traditionellen chinesischen Kulturnormen und westlichen Ideen, wie Mudan und Meimei im Film *Suzhou Fluss* (Su Zhou He) von Lou Ye. Generell gesagt haben diese Filmemacher das Frauenbild ihrer Vorgänger umgeschrieben. Sie bringen keine vollkommenen Frauen, die Mut, Wahrheit und Schönheit symbolisieren, auf die Leinwand. Im Gegenteil: Frauen treten jetzt auch als Täterinnen auf, wenn sie Männer, die sich ihnen nähern, seelisch verletzen. Dies kommt besonders häufig vor im Film von männlichen Regisseuren. Im Folgenden wird diese spannende Beziehung zwischen Mann und Frau im Film *Beijing Bicycle* (Shi Qi Sui De Dan Che, 2000) konkret erklärt. Zwei junge Männer vom Lande suchen sich in der Stadt Arbeit als Fahrradkuriere. Eines Tages beobachten sie von der Straße aus eine junge schöne Frau in ihrer Wohnung. In dieser Sequenz ist die Kamera so angeordnet, dass diese Frau aus der Perspektive von unten gesehen wird. Sie ist in diesem Moment für die zwei jungen Männer unnahbar. Der Grund für diese Unnahbarkeit liegt aber nicht nur in ihrer Schönheit und weil sie eine städtische Frau ist. Als diese Frau Soja-Soße kauft und einer der jungen Männer vorbeikommt, wird sie in dieser Szene in gleicher Höhe der Augen des jungen Mannes gefilmt, gleichsam aus seiner Sicht heraus. Dabei verweilt die Kamera auf ihren schlanken Beinen, auf ihren Schuhen und Lippen und auf dem hübschen Kleid. Sie ist verführerisch, aber auch arrogant. Diese Frau wird als „Stadt" und den damit verbundenen Verlockungen und Gefahren für die jungen Männer vom Lande symbolisiert: Sie ist attraktiv – und gleichzeitig kalt und unerreichbar.

In den 1990er Jahren wurden Filme des *Urbanen Realismus* noch mit den Begriffen „unabhängig" und „Untergrund-Kunst" erfasst. Etwa zehn Jahr später galten diese Zuschreibungen für den *Urbanen Realismus* nicht mehr. Die Filmemacher versuchten sich dem staatlichen Kontrollsystem anzupassen, ohne auf künstlerische Qualität verzichten zu müssen. Ihre Filme fokussieren sich nun nicht mehr nur auf die sozial schwachen Gruppen, sondern das gesamte städtische Alltagsleben in seiner Vielfalt und Breite sollte dargestellt werden. Es kann festgestellt werden, dass auch in den neueren Filmproduktionen des *Urbanen Realismus* immer noch viel „frischer" Realismus enthalten ist.

Statt Verwirrungen und Orientierungslosigkeit wie in den 1990er Jahren zu erleben, sind die Frauenfiguren in den 2000er Jahren deutlich selbstständiger und zielorientierter. Ihre weiblichen Identitäten sind komplexer und vielfältiger geworden. Im Film *Lost in Beijing* von Li Yu, der auch auf der *Berlinale 2007* zu sehen war, werden die Beziehungen der Wanderarbeiterin Pingguo zu zwei Männern gezeigt: Der eine ist ihr egoistischer und verantwortungsloser Ehemann, der andere ist ihr machtverliebter und berechnender Chef.[1] Obwohl Pingguo wegen dieser Männer in eine Krise gerät, verhält sie sich anfänglich beiden gegenüber passiv. Das weist auf verschiedene Abhängigkeitsverhältnisse hin, denen Frauen der Unterschicht in der Stadt unterworfen sind. Allerdings wird die Weiblichkeit von Pingguo ausführlich dargestellt. In diesem Film gibt es eine offene Darstellung der Liebesszene zwischen Pingguo und ihrem Mann, die sehr natürlich wirkt. Pingguo als Frau verhält sich dabei nicht mehr ganz passiv wie es im früheren Kino der Fall ist. Außerdem zeigt der Film am Anfang, dass Pingguo bei ihrer Arbeit mit den männlichen Kunden im Massagesalon sehr geschickt umgehen und verschiedene Situationen gut beherrschen kann. Schritt für Schritt befreit sich das Frauenbild von den alten Riten und Klischees.

Zum Schluss ist es erwähnenswert, dass es in China keinen solchen Feminismus wie den im westlichen Sinne gibt. Generell gesagt, wollen die chinesischen Frauen ihr Recht nie gegenüber den Männern erzwingen. Damit meine ich, dass der Gedanke einer Einheit von Frauen und Männern in der chinesischen Kultur stärker verbreitet und anerkannt ist als der des Konflikts zwischen den beiden Seiten. Dies geht einerseits zurück auf den Daoismus, der viel Wert auf die Harmonie der zwei Geschlechter legt, andererseits auf die Lehre des Konfuzianismus, demzufolge sich die Frauen nach den Männern richten sollen.[2] Es wäre sehr seltsam, wenn eine chinesische Regisseurin von sich behaupten würde, sie sei Feministin und wollte Filme für Frauen drehen. In Wirklichkeit wäre es der Regisseurin eher unangenehm, wenn sie als Feministin bezeichnet werden würde.

Es ist offensichtlich, dass sich das Frauenbild im chinesischen Kino in den letzten sechzig Jahren bedeutend verändert hat. Das Frauenbild im gegenwärtigen Film ist, im Vergleich zu seinen Vorgängerfilmen, vielfältiger geworden. Die Frauen treten jetzt mit stärker ausgeprägter, natürlicher Weiblichkeit auf. Aus dem Film, der ein Spiegel der gesellschaftlichen Realität ist, können politische, wirtschaftliche und kulturelle Informationen entnommen werden. Durch das Frauenbild im chinesischen Kino sieht man, wie tradierte Verhältnisse und die jeweils aktuelle Politik das Leben der Frauen prägen, was die Männer von den Frauen erwarten und was sich die Frauen selber wünschen. Das Frauenbild im Film beruht dabei auf dem Zusammenwirken vieler Faktoren: Wirtschaftlicher Forschritt, Tradition, kulturelle Einflüsse aus dem Westen vermengen sich dabei mit dem spezifischen Bewusstsein der Frauen und dem Maß der Unabhängigkeit und Freiheit der Filmschaffenden.

Anmerkungen

1. Die Handlung des Films: Pingguo ist eine Wanderarbeiterin und arbeitet in einem Massagesalon in Beijing als Fußmasseurin. Sie wohnt zusammen mit ihrem Ehemann, einem Fensterputzer, in einem kleinen Zimmer. Das Leben Pingguos verändert sich schlagartig, als sie im betrunkenen Zustand von ihrem Chef vergewaltigt wird und ihr Mann zufällig Zeuge dieses Gewaltaktes wird. Pingguo wird schwanger, aber sie weißt nicht, ob das Kind von ihrem Mann oder ihrem Chef gezeugt wurde. Ihr Chef, dessen Ehe noch immer kinderlos ist, hätte Pingguos Kind gern zu sich genommen. Die beiden Männer treffen unter sich eine Übereinkunft: Im Falle, dass Pingguos Chef der leibliche Kindsvater ist, zahlt dieser an Pingguos Ehemann 10 000 Renminbi (ca. 1000 Euro). Diese Vereinbarung wird von Pingguo akzeptiert, obwohl sie vorher nicht gefragt worden war. Um das Geld zu bekommen, lässt ihr Mann die Geburtsurkunde des Kindes ändern. Er sorgt dafür, dass Pingguos Vorgesetzter als Kindsvater genannt wird, obwohl er bereits weiß, dass er das Kind gezeugt hat. Pingguo ist immer noch ahnungslos. Schließlich bereut ihr Mann seine Betrügereien. Sein Versuch, das Baby aus dem Haushalt des Chefs zu entführen, scheitert. Am Ende des Filmes erfährt Pingguo die Wahrheit über diese zwei Männer und verlässt mit ihrem Kind beide.
2. „Gehorche dem Vater, wenn du unverheiratet bist, gehorche dem Ehemann, wenn du verheiratet bist, gehorche deinem Sohn, wenn dein Ehemann verstorben ist", heißt es im „Li Ji" (Buch der Riten), welches zu den Fünf Klassikern des Konfuzianismus gehört.

Filmverzeichnis

Das weißhaarige Mädchen
Fu Rong Zhen
Hong Deng Ji
San Xia Hao Ren
Zuo You
Suzhou Fluss
Beijing Bicycle
Lost in Beijing

GUNTER WILLING

Vom Kuli zum Tycoon –
Geschichte und Geschichten der
chinesischen Auswanderer in Thailand

> Mein Dank gilt den vielen freundlichen Thais mit chinesischer Familiengeschichte, die mir in den Seitenstraßen von Bangkoks Charoen Krung Road über die chinesische Einwanderung nach Siam erzählten.

Wie die anderen Gebiete Südostasiens erlebte auch Siam, das spätere Thailand, verschiedene Wellen chinesischer Einwanderung. Viele Menschen verließen aus wirtschaftlicher Not oder wegen politischer Verfolgung ihre Heimat, andere wollten ihr Glück machen. Nach der Zerstörung Ayutthayas 1767 durch die Burmesen ließ die siamesische Chakri-Dynastie eine neue Hauptstadt errichten, Krungthep oder, wie die neue Metropole im Westen hieß, Bangkok.

Im Unterschied zur Ayutthaya-Periode wurden nun die chinesischen Einwanderer durch königliche Dekrete gefördert. Bereits Mitte des 19. Jahrhunderts dominierten auf Bangkoks Märkten Händler, die aus China eingewandert waren. Andere Chinesen kamen als Kuli-Arbeiter und wurden auf den neuen Baustellen Bangkoks, beim Eisenbahn-, Straßen- und Kanalbau dringend gebraucht.

Angesichts seines dünn besiedelten Landes förderte der siamesische König auch chinesische Siedler, die an den Flüssen und neu gebauten Kanälen Landwirtschaft betrieben (vgl. Skinner 1957, 45–7; Phongpaichit/Baker 1999, 14).

Sampheng – Bangkoks Chinatown

Sampheng war von Anfang an Bangkoks Stadtteil für die Übersee-Chinesen. Gelegen am rechten Flussufer des Chaophraya, entstand Sampheng als Hafen, wo die chinesischen Dschunken ankamen und mit ihnen die Emigranten, die dort zum ersten Mal siamesischen Boden betraten. Mit Reis, Rohrzucker und Pfeffer beladen, kehrten die Schiffe wieder nach China zurück. Bis heute ist das historische Sampheng von drei markanten Punkten begrenzt: Im Norden durch den königlichen Palast, im Süden durch die von den Portugiesen erbaute Heilige-Rosenkranz-Kirche und östlich von der ausgedehnten Charoen-Krung-Road. *Das Peking von Siam* wurde gegen Ende des 19. Jahrhunderts Sampheng genannt (vgl. Supang Chantavanich 2008, 3). Der Stadtteil war nicht nur Wohnort für die Einwanderer, sondern hatte auch mit seinen Märkten, Geschäften und Hafenspeichern logistische Bedeutung. Er war Finanz- und Bankzentrum, es gab Spielhallen, Wettannahmestellen, chinesische Opernhäuser, Spelunken und Opiumhöhlen. Die sogenannten *Teehäuser* mit den markanten grünen Lampions waren Bordelle. Auf den Straßen ging es jeden Tag stets laut und geschäftig zu. Zahlreiche Garküchen-Betreiber, Obsthändler und ambulante Essenverkäufer riefen nach Kundschaft. Kräutertee und Schnaps wurden ebenfalls auf der Straße verkauft. Lotterieverkäufer, Besenverkäufer, Vogelhändler, Ohrenreiniger und Frisöre versuchten ihr Geschäft zu machen. Geschichtenerzähler und Sänger waren nicht zu überhören. Ärzte und Apotheker boten sich den Kranken an (vgl. Sangkit Jantanaphothi 2005, 124–7).

Aber Sampheng war auch ein Ort, wo sich die konträren politischen Standpunkte seiner Bewohner kreuzten. Während zahlreiche Überseechinesen die 1895 von Sun Yat-sen gegründete *Gesellschaft zur Wiedergeburt Chinas* in ihrem Kampf gegen die Mandschu-Monarchie noch gemeinsam finanziell und personell unterstützt hatten, zerfiel nach der chinesischen Revolution von 1911 und der Gründung der Chinesischen Republik die revolutionäre Bewegung in verschiedene Fraktionen, die sich gegenseitig bekämpften. Nun gab es konstitutionelle Monarchisten, demokratische Republikaner oder radikale Landreformer, und Sampheng wurde Schauplatz von Auseinandersetzungen zwischen diesen Gruppen. Nach 1923 kamen Mitglieder und Sympathisanten der Kommunistischen Partei Chinas nach Siam und versuchten, wie bereits die Vertreter der antikommunistischen Guomindang, Einfluss in Sampheng zu gewinnen.

Sampheng war aber auch ein Ort gemeinsamer chinesischer Widerständigkeit. Als 1910 die Regierung spezielle Steuern für Chinesen erhöhen wollte, schlossen aus Protest alle Märkte und Geschäfte in Sampheng, die Versorgung Bangkoks mit Lebensmitteln brach zusammen und die Regierung musste die Steuererhöhungen zurücknehmen. 1925 ging die britische Polizei in Schanghai brutal gegen streikende Arbeiter vor, worauf die chinesischen Arbeiter und Angestellten aus Sampheng sich weigerten, in britischen Unternehmen zu arbeiten, die in Bangkok ansässig waren. Die Anführer dieser Protestbewegung wurden von der siamesischen Polizei deportiert. Das Schicksal der Deportation erlitten auch eingewanderte Chinesen, die in Bangkok japanische Geschäfte attackierten, nachdem Nippon 1931 Nordost-China erobert hatte.

Bis heute erinnern sich alte Bangkoker an die Geschichten über die ehemaligen chinesischen „Paten". Der 1851 geborene Yi Kaw-hong z.B. stammte aus ärmlichen Verhältnissen und wurde dann durch Lotteriegeschäfte sehr reich und gründete eine Geheimgesellschaft. Er ließ chinesische Schulen und Krankenhäuser in Sampheng bauen und schuf somit ein erstes Wohlfahrtssystem für Chinesen. Er starb 1935. Siew Hut-seng, der ein *ba-ba* war, d.h. ein Kind aus einer chinesisch-malaiischen Ehe, war eher ein Intellektueller mit viel Geld. Er gründete 1907 eine chinesische Zeitung und kämpfte mit dieser gegen antichinesische Ressentiments, die aus manchen Kreisen der siamesischen Eliten stammten. Er war mit Sun Yat-sen eng befreundet.

Die chinesischen Geheimgesellschaften (Ang-yi)

Die *Ang-yi*, die Geheimgesellschaften der eingewanderten Chinesen, waren in Sampheng seit 1809 tätig. Sie wurden ursprünglich als Vereinigungen von Familien-Clans, von Berufszweigen oder von religiösen Sekten gegründet. Oft bildeten Chinesen, die aus einer bestimmten Gegend eingewandert waren und den gleichen Dialekt sprachen, ebenfalls eine Ang-yi. Durch diese Gesellschaften bekam der Neuankömmling eine erste Unterkunft vermittelt und die „älteren Brüder" bereiteten ihn mit Ratschlägen auf das Leben im unbekannten Siam vor. Die *Ang-yi* waren für die Einwanderer gleichsam die Knoten in einem sozialen Netzwerk. In ihren Räumlichkeiten konnten sie Geldüberweisungen zu ihren zurückgelassenen Familie vornehmen, erfuhren Neuigkeiten aus China und konnten sich über die Arbeits- und Lebensprobleme in Siam mit Freunden und Bekannten austauschen. Zu einer Zeit, als in Siam Gewerkschaften noch verboten waren, bildeten die Geheimgesellschaften eine Art von Proto-Gewerkschaften. Durch sie erhielten ihre Mitglieder Unterstützung in Notfällen. Es gab *Ang-yi*, die sich durch Schutzgelderpressung und durch den Besitz von Spielhöllen finanzierten. Andere *Ang-yi* politisierten sich seit den 1930er Jahren im antijapanischen Kampf oder verbanden sich mit kommunistischen Gruppen. Sie wurden in der Endphase des Zweiten Weltkrieges verdächtigt, etliche Sabotageakte gegen japanische Schiffe und Militäreinrichtungen durchgeführt zu haben. In der zweiten Hälfte der 1940er Jahre hörten die Geheimgesellschaften auf zu existieren, und Samphet wurde zu einem modernen Geschäftsviertel umgestaltet. Die ehemaligen chinesischen Immigranten haben sich in der thailändischen Gesellschaft integriert. Mit der Gründung der Volksrepublik China endet die chinesische Einwanderung nach Thailand.

Literatur

PASUK PHONGPAICHIT/CHRIS BAKER: Thailand. Economy and Politics. Oxford University Press, Oxford-Singapore-New York 1999.
SANGKIT JANTANAPHOTHI: Die Zeit der *Ang-yi* im Königreich Siam (Thai). Ruam-duai-tchuai-kan, Bangkok 2005.
SKINNER, WILLIAM G.: Chinese Society in Thailand. An Analytical History. Cornell University Press, Ithaka 1957.
SUPANG CHANTAVANICH: Elites, ang-yi, and Chinese nationalist movements in Bangkok's Chinatown, 1903–1949. In: Asian Review. Institute of Asian Studies. Chulalongkorn University, Bangkok, vol. 21, 2008, 3–20.

ROLF RÖBER

Taiwan – nur eine Insel?

Zur Einführung

Die Insel Taiwan liegt etwa 130 km östlich vor dem chinesischen Festland. Hoch im Norden der Insel befindet sich die Hauptstadt Taipeh (Abb. 1).

Abb. 1: Blick über die Hauptstadt

Die Größe Taiwans beläuft sich auf 35 801 km². Das Eiland ist also etwa halb so groß wie Bayern, hat jedoch doppelt so viele Einwohner, nämlich 23 Mio. Die Einwohnerdichte beträgt 642 Menschen pro km². Die Distanz zum chinesischen Festland liegt bei minimal 130 km. Südlich befinden sich die Philippinen, im Nordosten grenzt Japan an und im Osten erstreckt sich die Weite des Pazifiks.

Aus Abb. 2 lässt sich der Umriss Taiwans erkennen. Das Zentrum, wirtschaftlich und kulturell, liegt zweifellos im Norden, während die Mitte und der Süden mehr landwirtschaftlich geprägt und außerdem touristisch ganz interessant sind. Einige Kerndaten gehen aus Tab. 1 hervor.

Abb. 2: Geographie der Insel

aus: Whittome, 2006

Tab. 1: Kerndaten

- **Fläche:** 36 000 km²
- **Ausdehnung:** Nord-Süd-Ausdehnung: 394 km, Ost-West (max.) 144 km, Küstenlänge: 1566 km. Zwischen 22° und 25° nördlicher Breite und 120° und 122° östlicher Länge
- **Bevölkerung:** 23 Mio.; 627 Einw./km², weltweit zweithöchste Bevölkerungsdichte
- **Verstädterung:** 75 %
- **Hauptstadt:** Taipeh, 2,64 Mio. Einw., Bevölkerungsdichte über 9600/km²
- **Großstädte:** größte Hafenstadt Kaohsiung (1,5 Mio. Einw.), Taichung (1,1 Mio. Einw.), Tainan (750 000 Einw.), Keelung, Hualien, Taitung
- **Wirtschaft:** Wenige Bodenschätze. BSP pro Kopf 12 500 €, davon Dienstleistungssektor 67 %, Industrie 31 %, Landwirtschaft 2 % (Anteil der Beschäftigten 15 %). Arbeitslosigkeit 3,8 %
- **Höchster Berg:** Yushan (Jadeberg), 3952 m, mehr als 200 Gipfel über 3000 m

Taiwan hieß früher Formosa, von den Portugiesen „Ilha Formosa" genannt. Die Gründung der Hauptstadt Taipeh geht auf die niederländische Ostindienkompanie (Fort Zeelandia, 1623) zurück. Der Inselstaat Taiwan entstand erst nach 1945, als die Japaner die Insel an die Republik China infolge des verlorenen Krieges übergeben mussten. Nachdem 1949 Chiang Kai-shek den Bürgerkrieg gegen Mao Zedong verloren hatte, zogen sich die Truppen Chiangs auf die Insel zurück. Hieraus erklärt sich der andauernde Anspruch der VR China auf Taiwan. Die Insel wird heute von beiden Staaten wechselseitig als Provinz beansprucht. Trotz dieser etwas verwirrenden politischen Verhältnisse sind die kommerziellen Beziehungen nach meinen Erfahrungen hierdurch kaum mehr beeinträchtigt.

Geologie

Etwa zwei Drittel von Taiwans Fläche sind gebirgig, überwiegend im Osten. Der höchste Berg ist der Yu Shan (=Jadeberg) mit 3952 m über NN. Es gibt allein >200 Gipfel mit >3000 m Höhe. Die in den Gebirgstälern entspringenden Flüsse verlaufen überwiegend in westliche Richtung in die im Westteil der Insel gelegene Ebene. Das schmale östliche Küstengebirge wird durch den von Erdbeben gefährdeten Huatung-Graben getrennt.

Steile Berge, häufige Erdbeben und Vulkane haben ihre Ursache in dem Zusammenstoß von philippinischer und eurasischer Platte. Die zahlreichen heißen Quellen deuten darauf hin, dass die Vulkane, obwohl erloschen, immer noch aktive Magmaherde besitzen.

Klima

Im Norden der Insel (Taipeh) herrscht subtropisches, im Süden hingegen tropisches Klima vor. In den Höhenlagen andererseits ergibt sich ein gemäßigtes Klima aufgrund der tageszeitlichen Temperaturschwankungen. Die Monsunwinde wehen im Winter aus Nordost und im Sommer aus Südwest mit starken Regenfällen. Taifune können von Mai bis Oktober mit hohen Niederschlägen und starken Winden auf Taiwan (Tainan) große Schäden anrichten.

Tab. 2: Taifune

Taifune

Als Taifune (aus dem Chinesischen: »große Winde«) werden tropische Wirbelstürme bezeichnet, die von Juli bis September auch auf Taiwan treffen können. Sie entstehen in den Weiten des Nordpazifiks und wandern westwärts. In der Regel streifen sie Taiwans Osten und Norden und ziehen zum chinesischen Festland weiter. Schäden entstehen nicht nur durch starke Windböen, sondern auch durch heftige Niederschläge in kurzer Zeit, die Überschwemmungen und Erdrutsche auslösen. So brachte 2001 der Taifun Nari an einem Tag 800 mm Regen, was etwa dem deutschen Jahresdurchschnitt entspricht. Ein heraufziehender Taifun wird schon Tage vorher in den Medien angekündigt, Weg und Stärke werden genau verfolgt, so dass niemand überrascht wird. Wenn sich sehr starke Taifune nähern, schließen Schulen, Behörden und Geschäfte für ein oder zwei Tage (nicht aber die Lebensmittelläden). Bei einem Taifun ist es verboten, mit dem Auto an die Küste zu fahren.

aus: Whittome, 2006

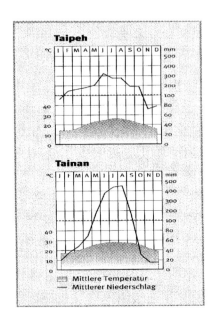

Durchschnittstemperaturen von 12°C im Februar und 25°C im Juli werden gemessen. Für den Nord- und Südteil der Insel ergibt sich allerdings eine unterschiedliche Verteilung von Temperatur und Niederschlag im Jahr (Tab. 3).

Tab. 3: Temperaturen und Niederschläge

aus: Whittome, 2006

Flora und Fauna

Die noch vor wenigen Jahrhunderten vorhandenen Wälder sind der Rodung durch die Japaner zum Opfer gefallen. Die Verwendung für militärische und religiöse Zwecke, z.B. Bau von Schreinen und die Darbringung von Brandopfern, haben ein Übriges geleistet. Gegenwärtig machen Natur- und Kulturwald ungefähr 55 % der Fläche aus. Das ist viel gegenüber ca. 33 % in Deutschland. Zahlreiche endemische Pflanzenarten sind der Natur durch Besatzer und Kolonisten entnommen worden. Die Wälder bestehen in den Montangebieten aus Scheinzypressen, Wacholder, Tannen, Kiefern, Fichten, Bambus, Azaleen und zahlreichen Laubbaumarten. Unter den letzteren ist der Kampferbaum durch Export nahezu ausgerottet worden. In freier Natur vorkommende Baumfarne und etwa 340 Orchideenarten, wie z.B. Arten von Phalaenopsis, sind nach wie vor begehrte Sammlerobjekte, sie unterliegen jedoch dem Washingtoner Artenschutzabkommen.

Die Abholzung der Wälder hat die Vielfalt der Fauna stark beeinträchtigt. Die Aufforstungsmaßnahmen führen allerdings wieder zu einer Erhöhung der Tieranzahl. In freier Wildbahn Tiere zu entdecken und zu beobachten ist schwierig. Einige Arten wie der taiwanesische Schwarzbär, der Sambar, der chinesische Muntjak, der Sikahirsch und die Gorale stehen unter Naturschutz. Der Formosa-Makak gilt als bedrohte Art und der Nebelparder ist auf Taiwan bereits ausgestorben. Anders verhält es sich bei den Vögeln. Ihre Artenvielfalt ist nach wie vor groß. Eine ganze Reihe davon sind sogar endemisch. Zudem existieren 41 verschiedene Arten von Amphibien auf der Insel, v.a. Froscharten, und ca. 430 Vogelarten.

Umwelt

Die extrem hohe Bevölkerungsdichte auf Taiwan ruft natürlich eine Reihe von Umweltproblemen hervor. Die Regionen um Taipeh und Tainan bis hin nach Kaohsiung sind hiervon besonders betroffen. Die Verschmutzung durch den enormen Straßenverkehr, die Industrie und die z.T. bedenkenlose Müllabfuhr gelten als Hauptverursacher.

Besonders die Belastung der Böden durch die Industrie stellt ein großes Problem dar, zumal zusätzlich die Landnutzung durch Landwirtschaft und Gartenbau verhältnismäßig hoch ist. Bedenklicher noch ist allerdings die Einleitung ungeklärter Abwässer (ca. 90 % sind ungeklärt!) in die Flüsse und damit auch ins Meer. Wie das nachstehende Bild zeigt, gibt es jedoch auch Ausnahmen, hier in einem Gartenbaubetrieb mit vorbildlicher Mülltrennung, fast wie bei uns.

Abb. 3: Mülltrennung, eher selten

Landwirtschaft und Gartenbau

Beide nehmen einen großen Raum auf Taiwan ein. Das ergibt sich allein schon aus der hohen Bevölkerungsdichte. Nur noch etwa 15 % der Bevölkerung sind heute im Agrarbereich beschäftigt gegenüber 60 % in 1950.

Mein besonderes Interesse galt bei meinem Besuch auf Taiwan 2006 dem Gartenbau und speziell dem Zierpflanzenbau. Dessen Anbauintensität ist vergleichbar mit dem in den Niederlanden. Den relativ hohen technischen Stand des Anbaus können die Abb. 4 bis 6 verdeutlichen.

Abb. 4: Gewebeteile von Orchideen auf Nährboden in einer Petrischale

Ausgangspunkt der Pflanzenanzucht ist häufig die sterile Gewebekultur. In Abb. 4 sind von Orchideenblättern ausgestanzte Teile zu sehen. Diese werden nach entsprechender Entwicklung von Sprossen und Wurzeln auf neue Nährböden in Glaskolben umgelegt und zu Jungpflanzen (Abb. 5) herangezogen. Eine der Möglichkeiten zur Lösung des Flächenproblems (mehrlagige Kulturen) lässt sich auch ganz gut aus Abb. 5 ersehen. Es handelt sich in Abb. 5 um Orchideen, genauer gesagt um Jungpflanzen der Malaienblume oder Phalaenopsis. Diese sind nahezu ohne Ausnahme Hybriden. Die hieraus nach ca. 1,5 Jahren entwickelten blühenden Pflanzen zeigt die Abb. 6.

Moderne Anbausysteme mit Rezirkulation und Wiederverwendung von Wasser und Nährstoffen für die Pflanzen sind noch relativ selten. Erstaunlich ist die Tatsache, dass ein großer Teil der landwirtschaftlichen Produktion exportiert wird, allerdings abnehmend, nachdem die VR China der Welthandelsorganisation beigetreten ist. Wegen der intensiven Landbewirtschaftung ist Taiwan Selbstversorger bei den Nahrungsmitteln. Neben Reis werden vorrangig angebaut Zuckerrohr, Tee, Ananas, Bananen, Champignons und Spargel. Eine starke Zunahme erfährt derzeit auch die Pflanzenzüchtung, insbesondere von Blumen.

Abb. 5: Jungpflanzen von Orchideen

Abb. 6: Blühende Orchideen

Der Obstanbau (Tab. 4) auf Taiwan ist sehr vielfältig, weil Boden und Klima ihn zulassen.

Tab. 4: Obstanbau auf Taiwan (aus: Whittome, 2006)

Von Ananas bis Zwetschgen

Klimazonen von tropisch bis alpin mit Höhen von null bis 3000 m machen's möglich: Taiwan ist ein Früchteparadies mit beträchtlicher Vielfalt. Besonders lecker und exotisch sind Mangos (Mai–Okt.), Litschis (Juni/Juli), Ananas (März bis Aug.), Sternfrüchte/Carambolen (Juli/Aug.), chinesische Datteln/Jujube (Dez.–Febr.), die sehr saftigen und knackigen Wachsäpfel *(Lianwu,* Nov.–April, Aug.–Okt.) und fast das ganze Jahr über Papayas, Guaven und Bananen. Die roten Trauben (Mai–Aug., Nov.–Febr.), eine Kreuzung europäischer und amerikanischer Sorten, schmecken ganz anders als europäische. Auch Erdbeeren und sogar Zwetschgen aus lokalem Anbau gibt es. Und selbst Tomaten gelten hier nicht als Gemüse, sondern als Obst und werden daher häufig gezuckert serviert.

Oolong & Co.

Taiwans Höhenlagen mit feuchtem Klima bieten dem Teeanbau ideale Bedingungen. So gibt es den grünen Tee der Sorte Longjing aus Sansia sowie aromatischen Schwarztee vom Sonne-Mond-See. Was im Westen oft als »Jasmintee« bezeichnet wird, heißt hier »Blütentee«. Typisch für Taiwan sind die halbfermentierten Oolong-Tees. Zu den leichten Sorten gehören der Wenshan Baochong aus Pinglin und der Dongding aus Lugu.

Bekanntermaßen wird auch sehr viel Reis auf Taiwan angebaut. Man bevorzugt heute Sorten, die im sog. Trockenanbau kultiviert werden. Dieses Verfahren besitzt den Vorteil der geringeren (ca. 40 %) Produktion von Methan und Lachgas, beides starke „Klimakiller", aus den Reisfeldern.

Ein paar Hinweise zum Tee als Kulturpflanze sind Tab. 5 zu entnehmen.

Tab. 5: Tee in Variationen (aus: Whittome, 2006)

Historie, Bevölkerung

Der interessantere Teil der Geschichte Taiwans lässt sich aus Abb. 7 und 8 sowie Tab. 7 entnehmen. Das chinesische Machtstreben drückt sich in vielerlei Weise aus und interessanterweise in der VR China in gleicher Weise wie auf Taiwan, z. B. mit Machtsymbolen in Form von riesigen Gedächtnishallen und den beiden Löwen (weiblich und männlich!).

Geschichte im Überblick

Vor 15 000 bis 12 000 Jahren Prähistorische Kulturen, besonders in Osttaiwan.
Ab 2500 v. Chr. Besiedlung durch malayo-polynesische Stämme, die Vorfahren der heutigen Ureinwohner.
1368 Die Penghu-Inseln (Pescadoren) werden Teil des chinesischen Ming-Reiches.
1544 Ein portugiesischer Kapitän gibt Taiwan seinen westlichen Namen: Ilha Formosa (»schöne Insel«).
1590 Portugiesische Niederlassung im heutigen Keelung.
1624 Die Vereenigde Oostindische Compagnie lässt sich im heutigen Tainan nieder. Beginn der chinesischen Besiedlung.
1626–1642 Bei Keelung und Danshuei siedeln Spanier, die von der VOC vertrieben werden.
1643/4 In China wird die Ming-Dynastie gestürzt, die Qing-Dynastie etabliert sich.
1662 Vertreibung der Niederländer durch den Ming-Loyalisten Jheng Chenggong (»Koxinga«). Aufbau einer chinesischen Verwaltung, weitere Erschließung.
1683 Jhengs Nachfolger kapitulieren vor der erstarkten Qing-Dynastie. Taiwan gehört erstmals zur Provinz Fujian und zu China.
1884/85 Verlegung des Verwaltungssitzes von Tainan nach Taipeh. Taiwan wird Provinz.
1895 2 Mio. Einwohner. Nach dem Krieg mit Japan tritt das kaiserliche China Taiwan im Vertrag von Shimonoseki »auf ewig« an Japan ab. Zerschlagung der ersten Republik Asiens, der

Geschichte im Überblick

Demokratischen Republik Taiwan, nach einem halben Jahr durch japanische Truppen.
1895–1945 Die Japaner entwickeln die Infrastruktur und legen das Fundament für Taiwans moderne Entwicklung. Gleichzeitig Diskriminierung der Taiwanesen und Abschottung Taiwans von China.
1945 Nach der alliierten Kairoer Erklärung von 1943 nimmt das chinesische Regime der Kuomintang (KMT) im Auftrag der Alliierten die Kapitulation Japans in Taiwan entgegen und hält es besetzt. Eine förmliche Rückübertragung der Souveränität an China findet jedoch nie statt.
28. Februar 1947 Aufstand gegen die Misswirtschaft des KMT-Gouverneurs Chen Yi (»2.28«); nach einer Woche mit etwa 10 000 Toten niedergeschlagen, Opfer sind meist junge Menschen und die einheimische Elite. Begründung des Gegensatzes zwischen Festländern und Taiwanesen.
1948/49 Nach der Niederlage im Bürgerkrieg Rückzug der KMT von China nach Taiwan mit 2 Mio. Flüchtlingen. In den folgenden 40 Jahren herrscht Kriegsrecht.
Ab 1950 Landreform, Importsubstitution, Ausbau der Infrastruktur auch im Osten der Insel. Beschleunigte Wirtschaftsentwicklung.
1972 Die Republik China wird zu Gunsten der VR China aus der UNO ausgeschlossen. Internationale Isolierung. In der Kunst und unter Intellektuellen Entdeckung einer eigenen, taiwanischen Identität.
1979 Abbruch der diplomatischen Beziehungen durch die USA. Der

»Taiwan Relations Act« sichert Taiwans Verteidigung durch Rüstungslieferungen und Beistand im Angriffsfall. Verwirklichung von Infrastruktur-Großprojekten und Aufbau von Taiwans High-Tech-Industrien.
1986 Gründung der Demokratischen Fortschrittspartei (DPP).
1987 Aufhebung des Kriegsrechts und beginnende Demokratisierung.
1993 Erste halbamtliche Gespräche zwischen Taiwan und China in Singapur. Weitere Gespräche scheitern am chinesischen Anspruch auf Taiwan gemäß dem »Ein-China-Prinzip«. Die Opposition tritt immer stärker für die formelle Unabhängigkeit Taiwans ein.
1996 Erste freie und direkte Präsidentenwahl. Amtsinhaber Lee Teng-hui von der KMT wird wieder gewählt. Stärkere »Taiwanisierung« in Gesellschaft, Sprache und Kultur.
2000 Chen Shui-pien (DPP) wird Präsident. Ohne Mehrheit im Parlament gelingt nur eine allmähliche Aufweichung alter Strukturen. Verlagerung von produzierender Industrie nach China, erstmaliges Auftreten von Arbeitslosigkeit (über 4 %). Wachsender Innovationsdruck.
2004 Chen Shui-pien knapp wieder gewählt, Abhaltung von Taiwans erster Volksabstimmung. Auf und Ab von Entspannungssignalen und neuen Spannungen im Verhältnis zu China.
2006 Inbetriebnahme der Hochgeschwindigkeitsbahn von Taipeh nach Kaohsiung.

aus: Whittome, 2006

Die Bewohner Taiwans verstehen sich heute als eigenständige Bevölkerung, da für sie sowohl die Politik der ehemaligen KMT-Partei an Interesse verloren hat wie auch die Politik der VR China.

Abb. 7: Chiang Kai-shek Gedächtnishalle

Tab. 7: Präsidenten der neueren Zeit (aus: Whittome, 2006)

Präsidenten von Chiang Kai-shek bis Chen Shui-pien

Während Chiang Kai-shek (bis 1975) und sein Sohn, Chiang Ching-kuo (1978–1988), aus China kamen, war Präsident Lee Teng-hui (1988–2000) ein von der japanischen Kolonialzeit geprägter Taiwaner. Ihm folgte 2000 der jetzige Präsident Chen Shui-pien, der als DPP-Kandidat die Vorherrschaft der Kuomintang (KMT) beendete. Er wurde 2004 wieder gewählt.

Lee Teng-hui machte als Taiwaner in der KMT Karriere, bis ihn Chiang Ching-kuo zum Vizepräsidenten erkor. Er setzte im Dialog mit der Opposition die Demokratisierung fort und wurde 1996 bei den ersten freien Präsidentschaftswahlen wiedergewählt. Als er 2000 aus Altersgründen abtrat, unterstützte er Chen Shui-pien (DPP) und spaltete durch eine Parteineugründung die KMT weiter. Heute tritt er für die Unabhängigkeit Taiwans ein.

Chen Shui-pien stammt aus einfachen Verhältnissen und machte sich als Verteidiger von Oppositionellen einen Namen. Er gibt sich volksnah, spricht meist Taiwanisch, kann jedoch die Lähmung des politischen Lebens durch die ungelöste Identitätsfrage und eine Mehrheit der Opposition im Parlament nicht überwinden.

Abb. 8: Symbole des Strebens nach Macht

Sprachen und Kultur

Taiwans offizielle Amtssprache ist Hochchinesisch (Mandarin). Erste Fremdsprache ist US-amerikanisches Englisch. Bis etwa 1970 näherten sich die USA und Taiwan in gewisser Weise an. Der zuvor vorherrschende Einfluss japanischer Kultur und Lebensweise geht zurück.

Es gibt zahlreiche kulturelle Einrichtungen und Veranstaltungen, Nationalparks und Museen. Man liebt ganz offensichtlich moderne Architektur, Malerei, Literatur und Film, Theater, die Oper und das Kunsthandwerk.

Schulen und Universitäten

Der Aufbau der Schulen und Universitäten orientiert sich am US-amerikanischen System.

Religionen

Die beiden großen Religionen des Landes sind der Buddhismus und der Daoismus. Die schnelle Modernisierung der Bevölkerung führt bei ihrem jüngeren Teil zu einer nachlassenden Bindung an Traditionen. Von gewisser Bedeutung ist zusätzlich der Konfuzianismus als Moral- und Soziallehre.

Tab. 8: Religiöse Begriffe (aus: Whittome, 2006)

Glossar zu religiösen Begriffen

Buddhismus
- **Arhat (chin. Luohan)** Ernsthafter Schüler des Buddhismus, Vorstufe zum Bodhisattva
- **Bodhisattva (chin. Pusa)** Erlangte die Erleuchtung, stellt aber den Eintritt ins Nirwana zurück, um anderen zu helfen
- **Guanyin** Göttin der Barmherzigkeit, ursprünglich der (männliche) Bodhisattva Avalokiteshvara
- **Maitreya (chin. Milefo)** Buddha der Zukunft und kommender Weltenlehrer; in chin. Tempeln meist als lachende, dickbäuchige Figur dargestellt, die auf den Mönch Qi Ci aus dem 10. Jh. zurückgeht
- **Nirwana** Zustand des »Verwehens«, im Buddhismus letztes Stadium der Erlösung ohne erneute Wiedergeburt
- **Sakyamuni** Historischer Buddha (ca. 563–483 v. Chr.), geboren als Prinz Siddharta Gautama

Volksglauben
- **Tudi Gong** Herr der Erde, zuständig für gute Ernten
- **Wangmu Niangniang** oder **Si Wangmu** »Königinmutter des Westens«, Symbol für die Güte des Alters
- **Wang Ye** Sammelbegriff für die 360 Götter, die vor Krankheiten schützen
- **Wenchang Di** »Kaiser der blühenden Kultur«: Gottheit der Bildung und Kultur, beste Adresse vor Prüfungen
- **Yuhuang Dadi** oder **Tian Gong** Jadekaiser oder Herr des Himmels, höchste Gottheit im Volksglauben

Tourismus

Der Tourismus nimmt zwar zu, hält sich aber im Vergleich zur VR China in Grenzen. Touristisch interessante Gebiete und Stellen sind in Abb. 2 mit einem rot-gelben Stern gekennzeichnet. Die Häufigkeit der Sterne in der Mitte der Insel erklärt sich u. a. mit den dortigen Sehenswürdigkeiten und der schönen Landschaft.

Martialische Machtpräsentation und Begriffe wie Ruhe und Ordnung treffen allerdings nicht immer den Geschmack aller Besucher. Fotografieren kann z. B. zum Problem werden.

Abb. 9 und 10: Kritische Darstellung?!

Seien Sie schweigsam, nehmen Sie Ihren Hut ab und rauchen Sie nicht!

Verkehr und Handel

Dichte des Straßenverkehrs und der Bevölkerung korrelieren sehr eng, wie Abb. 11 zeigt. Man ist stets höflich, geduldig und beachtet die Regeln sehr genau. Anders würde es wohl auch kaum funktionieren.

Abb. 11 Straßenverkehr

Chinesen handeln sehr gern. Hinter nahezu jeder Tür befindet sich ein kleiner Laden, in dem es etwas zu kaufen gibt.

Nach außerhalb werden v. a. Industriegüter verkauft, jedoch mit rückläufiger Tendenz wegen der ansteigenden Konkurrenz anderer asiatischer Länder. Allein die USA nehmen etwa 40 % sämtlicher Exporte ab. Das Bruttoinlandprodukt hat in den letzten drei Jahren jeweils um 8 % zugenommen. Arbeitslosigkeit und Inflation sind sehr gering. Der relativ hohe Handelsüberschuss sorgt für einen gewissen Wohlstand bei dem Gros der Bevölkerung.

Literatur

Anonym: Taiwan. Wikipedia, http://de.wikipedia.org/wiki/Taiwan Zugriff: 06.01.2011

KAPPELER, M.: http://www.markuskappeler.ch/tex/texs/taiwan.html Zugriff: 27.01.2011

WHITTOME, G.: Taiwan. Polyglott Verlag, München 2006

Die Autorin und die Autoren

WOLFRAM ADOLPHI

geboren 1951; Dr. sc. phil. – nach dem Studium 1971–76 am Institut für Internationale Beziehungen in Potsdam-Babelsberg bis 1980 Aspirantur an der Sektion Asienwissenschaften der Humboldt-Universität zu Berlin/DDR; 1980–1985 Ostasienkorrespondent der außenpolitischen Wochenzeitung horizont in Tokio; 1985–1989 erneut Humboldt-Universität u. Dissertation B (Habilitation) zur deutschen Chinapolitik 1937–45; Publikationen u.a. 1988: *High-Tech im Land der Samurai* (mit Joachim Adolphi) u. 1990: *VR China 1979–1989. Eine Chronik* (hgg. mit Roland Felber); seit 1991 Chinaforschung frei- und nebenberuflich; Publikationen u.a. 1998: *Deutschland und China 1937–1949. Eine Quellensammlung* (Hg. Mechthild Leutner), bearb. mit Peter Merker); 2004: *Chinafieber* (Roman); 2007: *Chinatraum* (Roman). 2009: *Mao. Eine Chronik. 1999–2002* u. seit 2005 Mitarbeiter des Bundestagsabgeordneten Roland Claus (Die Linke). Weiteres unter www.asiaticus.de

PEIQI HAN

geboren 1983 (Provinz Shandong, Volksrepublik China); 2001–05 Bachelorstudium „Interkulturelle Germanistik" an der Universität Qingdao (VR China) und 2006–08 Masterstudiengang „Literatur und Medien" an der Universität Bayreuth; Stipendiatin des Bayerischen Staatsministeriums für Wissenschaft, Forschung und Kunst; seit 2009 Promovendin im Fach Sinologie an der Universität Leipzig zum Thema „Film, Körper, Stadt. Frauenbilder in chinesischen Spielfilmen des Urbanen Realismus" (betreut v. Prof. Dr. Stefan Kramer) und wissenschaftliche Mitarbeiterin im Fach Sinologie an der Universität Leipzig.

GERHARD KLAS

geboren 1967; nach Abitur, Zivildienst und Studium der Sozialarbeit – freiberuflich tätig für Zeitungen u. entwicklungspolitische Magazine; seit 2002 Mitarbeiter im Kollektiv des Rheinischen JournalistInnenbüros Köln; regelmäßiger Autor für Hörfunkdokumentationen verschiedener öffentlich-rechtlicher Radiosender (Deutschlandfunk, WDR, SWR, Bayerischer Rundfunk); letzter Radiobeitrag: SWR 2, 17.11.2010: *„Ein Märchen aus Bangladesch – Mikrokredite gegen die Armut";* 2006: Buchveröffentlichung *Zwischen Verzweiflung und Widerstand – Indische Stimmen zur Globalisierung;* im gleichen Jahr Hörfunkpreis des Bundesministeriums für wirtschaftliche Zusammenarbeit und Entwicklung für das politische Feature *„Wo sollen wir denn hin – Indische Bauern wehren sich gegen die Folgen der Marktöffnung".*

ROLF RÖBER

1941 in Bremen geboren, Prof. Dr. rer. hort.; wuchs in einer Gärtnerei auf und studierte nach Abitur sowie 1,5-jähriger gärtnerischer Praxis Gartenbau an der TU Hannover von 1962 bis 1966, wo er mit der Diplomprüfung abschloss; nach der Promotion 1969 am Institut für Pflanzenernährung der TU Hannover war er bis 1972 dort und an einem Forschungsinstitut der Düngemittelindustrie tätig. Daran schloss sich seine Tätigkeit am Institut für Zierpflanzenbau der Forschungsanstalt in Geisenheim/Rhein an. Von 1980–2006 vertrat er das Fachgebiet Zierpflanzenbau an der FH Weihenstephan, verbunden mit der Leitung des Institutes für Zierpflanzenbau der Versuchsanstalt Weihenstephan. Seine Arbeitsgebiete umfassen seit 1980 v. a. „Umweltschonende Kulturverfahren", „Wassermenge und -qualität" sowie die „Qualität von Schnittblumen und Topfpflanzen". In zahlreichen Veröffentlichungen und als Autor, Mitautor sowie Herausgeber von Büchern ist er darüber hinaus bekannt. Seit vielen Jahren in der Freien Akademie und seit 2006 in deren Präsidium aktiv.

GUNTER WILLING

geboren 1953; Dr. sc. phil. – nach dem Abitur und Arbeit als Maschinen-Stanzer in der DDR 1976–83 Lehramts- u. Forschungsstudium an der Sektion Philosophie/Geschichte/Staatsbürgerkunde der Martin-Luther-Universität Halle-Wittenberg; an dieser Universität 1983–90 wissenschaftlicher Mitarbeiter (später Oberassistent) in der Gruppe „Marx-Engels-Forschung", die Bände der *Marx-Engels-Gesamtausgabe* (MEGA) edierte. 1991–2000 Arbeit in der Redaktion (und Mitautor) des *Historisch-Kritischen-Wörterbuches des Marxismus* (hgg. v. Wolfgang Fritz Haug). Seit 2000 Projektarbeit in Südostasien, vor allem in Thailand; 2010: Lehrveranstaltung „History from below", Faculty of Liberal Arts, Nakhon Si Thammarat University; Regelmäßige Zeitungsartikel über die politisch-ökonomische Entwicklung der Region. Letzte Publikation: *Die deutschen Anhänger von Adam Smith*, in: *Dictionary of Eighteenth-Century German Philosophers*, ed. by Manfred Kuehn/Heiner F. Klemme, 2010.

WOLFGANG-PETER ZINGEL

geboren 1943. Dr. rer. pol. – 1963–70 Studium der Volkswirtschaftslehre, Geschichte und Jura, Diplom-Volkswirt; seit 1971 akademischer Angestellter am Südostasien-Institut (SAI) der Universität Heidelberg, Abt. für Internationale Wirtschafts- und Entwicklungspolitik; Leiter der Zweigstelle des SAI in Islamabad (1980–82) und New Delhi (1990–92); Lehrveranstaltungen an der Himachal Pradesh University in Shimla u. im Rahmen der Studiengänge „Politische Ökonomie" und „Südostasienkunde" an der Universität Heidelberg. Zahlreiche Publikationen und Vorträge zu Fragen der wirtschaftlichen und sozialen Entwicklung in Südostasien, vor allem Indiens, Pakistans und Bangladeshs; gegenwärtig Forschung zur Nahrungsversorgung Dhakas und zur Nahrungspolitik von Bangladesh im DFG-Schwerpunktprogramm „Megacities-Megachallenge".

SCHRIFTENREIHE DER FREIEN AKADEMIE
Herausgegeben von Jörg Albertz (Bände 1 bis 27)
und von Volker Mueller (ab Band 28).

Band 1: *Perspektiven und Grenzen der Naturwissenschaft.* 1980.
ISBN 3-923834-00-4

Band 2: *Technik und menschliche Existenz.* 1982.
ISBN 3-923834-01-2

Band 3: *Die Rolle der Großkirchen in der Gesellschaft der Bundesrepublik Deutschland.* 1983.
ISBN 3-923834-02-0

Band 4: *Judenklischees und jüdische Wirklichkeit in unserer Gesellschaft.* 1985, 2. Aufl. 1989.
ISBN 3-923834-03-9

Band 5/6: *Lernziele für die Welt von morgen - Neue Ethik für die Wissenschaft.* 1986.
ISBN 3-923834-04-7

Band 7: *Wissen – Glaube – Aberglaube.* 1987.
ISBN 3-923834-05-5

Band 8: *Kant und Nietzsche – Vorspiel einer künftigen Weltauslegung?* 1988.
ISBN 3-923834-06-3

Band 9: *Evolution und Evolutionsstrategien in Biologie, Technik und Gesellschaft.* 1989, 2. Aufl. 1990.
ISBN 3-923834-07-1

Band 10: *Aspekte der Angst in der „Therapiegesellschaft".* 1990.
ISBN 3-923834-08-X

Band 11: *Aufklärung und Postmoderne – 200 Jahre nach der französischen Revolution das Ende aller Aufklärung?* 1991.
ISBN 3-923834-09-8

Band 12: *Gesellschaft und Religion.* 1991.
ISBN 3-923834-10-1

Band 13: *Ganzheitlich, natürlich, ökologisch – was ist das eigentlich?* 1992.
ISBN 3-923834-11-X

Band 14: *Was ist das mit Volk und Nation? –*
Nationale Fragen in Europas Geschichte und Gegenwart. 1992.
ISBN 3-923834-12-8

Band 15: *Im Spannungsfeld zwischen Individuum und Gemeinschaft.* 1994.
ISBN 3-923834-13-6

Band 16: *Das Bewusstsein – philosophische, psychologische*
und physiologische Aspekte. 1994.
ISBN 3-923834-14-4

Band 17: *Wahrnehmung und Wirklichkeit –*
Wie wir unsere Umwelt sehen, erkennen und gestalten. 1997.
ISBN 3-923834-15-2

Band 18: *Fortschritt im geschichtlichen Wandel.* 1998.
ISBN 3-923834-16-0

Band 19: *Renaissance des Bösen?* 1999.
ISBN 3-923834-17-9

Band 20: *Anthropologie der Medien –*
Mensch und Kommunikationstechnologien. 2002.
ISBN 3-923834-18-7

Band 21: *Werte und Normen - Wandel, Verfall und neue*
Perspektiven ethischer Lebensgestaltungen. 2002.
ISBN 3-923834-19-5

Band 22: *Staat und Kirche im werdenden Europa –*
Gemeinsamkeiten und Unterscheide im nationalen Vergleich. 2003.
ISBN 3-923834-20-9

Band 23: *Humanität – Hoffnungen und Illusionen.* 2004.
ISBN 3-923834-21-57

Band 24: *Evolution zwischen Chaos und Ordnung.* 2005.
ISBN 3-923834-22-5

Band 25: *Aufklärung, Vernunft, Religion: Kant und Feuerbach.* 2005.
ISBN 3-923834-23-3

Band 26: *Utopien zwischen Anspruch und Wirklichkeit –
Perspektiven utopischen Denkens.* 2006.
ISBN 3-923834-24-1

Band 27: *Mensch und Ökonomie –
Wirtschaften zwischen Humanität und Profit.* 2007.
ISBN 978-3-923834-25-9

Band 28: *Wohin brachte uns Charles Darwin?* 2009.
ISBN 978-3-923834-26-6

Band 29: *Bewusstsein und Ich.* 2010.
ISBN 978-3-923834-27-3

Vertrieb der Schriftenreihe:
Angelika Lenz Verlag
Beethovenstraße 96, 63263 Neu-Isenburg
Tel.: 06102-72 35 09 Fax: 06102-72 35 13
E-Mail: info@lenz-verlag.de
www.lenz-verlag.de